年鉴

2015

北京市国有文化资产监督管理年鉴

EIJING'S STATE-OWNED CULTURAL ASSETS SUPERVISION AND ADMINISTRATION YEARBOOK

北京市国有文化资产监督管理办公室　编

北京时代华文书局

图书在版编目（CIP）数据

北京市国有文化资产监督管理年鉴 . 2015 / 北京市国有文化资产监督管理办公室编 . -- 北京 : 北京时代华文书局 , 2017.7
ISBN 978-7-5699-1708-6

Ⅰ . ①北… Ⅱ . ①北… Ⅲ . ①文化产业 – 国有资产 – 监管机制 – 北京 – 2015 – 年鉴 Ⅳ . ① G124-54

中国版本图书馆 CIP 数据核字 (2017) 第 136281 号

北京市国有文化资产监督管理年鉴 2015

Beijingshi Guoyou Wenhua Zichan Jiandu Guanli Nianjian 2015

编　　者 | 北京市国有文化资产监督管理办公室

出 版 人 | 王训海
责任编辑 | 周海燕
装帧设计 | 迟　稳
责任印制 | 刘　银

出版发行 | 北京时代华文书局 http://www.bjsdsj.com.cn
北京市东城区安定门外大街 138 号皇城国际大厦 A 座 8 楼
邮编：100011　电话：010 - 64267955　64267677
印　　刷 | 北京中科印刷有限公司　010-69590320
（如发现印装质量问题，请与印刷厂联系调换）
开　　本 | 880mm×1230mm　1/16　　印　　张 | 15.75　彩插 16 面　　字　　数 | 295 千字
版　　次 | 2017 年 9 月第 1 版　　印　　次 | 2017 年 9 月第 1 次印刷
书　　号 | ISBN 978-7-5699-1708-6
定　　价 | 268.00 元

《北京市国有文化资产监督管理年鉴 2015》

《北京市国有文化资产监督管理年鉴 2015》
编辑说明

一、《北京市国有文化资产监督管理年鉴 2015》由北京市国有文化资产监督管理办公室（以下简称“市文资办”）主办，《北京市国有文化资产监督管理年鉴》编委会编纂，北京时代华文书局有限公司编辑出版。

二、本年鉴是一部全面记载北京市国有文化资产监管、北京文化创意（除特别说明外，后文所称“文创”是“文化创意”一词的简称，不再一一注明）产业发展总体情况的工具书，是市文资办对外宣传的主要窗口和交流平台，对于宣传、指导北京市国有文化资产监督管理和文化创意产业发展工作具有重要的参考价值。

三、本年鉴突出政策性、权威性、实用性和连续性。

四、本年鉴设有重要文献、规范性文件、北京市国有文化资产监督管理、北京市文化创意产业发展、监管企业改革发展、十六区文化创意产业发展、大事记共七个基本栏目。

第一部分：重要文献。收集了市文资办 2015 年重要会议讲话、报告。

第二部分：规范性文件。收集了 2015 年由市文资办制定或印发的规范性文件。

第三部分：北京市国有文化资产监督管理。市文资办对 2015 年北京市国有文化资产监督管理工作进行概述。

第四部分：北京市文化创意产业发展。市文资办对 2015 年推动北京市文化创意产业发展工作进行概述。

第五部分：监管企业改革发展。市文资办各监管企业对本单位 2015 年改革发展情况进行概述。

第六部分：十六区文化创意产业发展。各区文化行政管理部门对本区 2015 年文化创意产业发展情况进行概述。

第七部分：大事记。

五、选进本年鉴的文章和条目，均由相关行政、企（事）业单位确定专人（部门）负责撰写或提供，并经主要负责人审核。

六、本年鉴反映 2015 年 1 月 1 日至 12 月 31 日期间的情况，凡 2015 年事项，均直书月、日，不再写年份。

《北京市国有文化资产监督管理年鉴》编委会

2016 年 7 月

5 月 14 日，中宣部部长刘奇葆、国家新闻出版广电总局局长蔡赴朝、市委宣传部部长李伟等领导一行视察第十一届深圳文博会北京展区。

12 月 8 日，国家新闻出版广电总局副局长童刚、北京市副市长王宁、中央文资办主任王家新、市文资办主任周茂非等领导出席北京文化产权交易中心上线仪式。

11 月 27 日，市文资办主任周茂非出席“第 19 届京港洽谈会 · 京港创意设计交流会”并致辞。

北京市国有文化资产监管工作

11 月 16 日，市文资办召开工作会议，传达《北京市人民政府关于北京市国有文化资产监督管理办公室监管范围的通知》。

11 月 19 日，市文资办主任周茂非率领导班子成员、各处室及中心负责人赴北京演艺集团调研。

▶ 11 月 18 日，市文资办主任周茂非率领导班子成员、各处室及中心负责人赴新京报社调研。

▶ 12 月 17 日，市文资办主任周茂非率领导班子成员赴京版北教文化传媒股份有限公司调研。

首都文化投融资服务体系建设

5 月 28 日，市文资办与东城区政府全面战略合作协议签约暨北京文化产权交易中心揭牌仪式举行。

7 月 16 日，北京文资光大文创产业投资管理有限公司揭牌仪式举行。

11 月 3 日，北京文资华夏影视文化投资基金与欧洲发行和制片公司 Wild Bunch 发起设立中欧电影基金。

12 月 8 日，市文资办主任周茂非、市文投集团董事长张淼为北京文化产权交易中心“当代艺术展示平台”揭牌。

12 月 10 日，市文资办和北京证监局联合举办“2015 首都文创产业投融资项目推介会”。

第三届北京惠民文化消费季

9 月 10 日，电影季活动在博纳国际影城方庄店启动，整合北京电影院线资源，为市民提供万余场次折扣优惠。

5 月 7 日，北京文惠卡加盟商户经验交流表彰会在德宝饭店召开。

10 月 1 日至 3 日，动漫游戏嘉年华在北京国际会议中心举办，推出展示交易、动漫大赛、互动体验等活动。

9 月 12 日，演出季活动整合 20 多家剧院和演出团体，推出 500 多场次剧目演出。

文化创意产业交流合作

▶ 2 月 27 日，2015 年“欢乐春节北京文化庙会 · 台北之旅”在台北花博公园舞蝶馆开幕。

▶ 5 月，第十一届深圳文博会北京展区精彩亮相。

▶ 6 月 19 日，蓝色光标传播集团收购英国 We Are Social（WAS）公司揭牌仪式在英国伦敦兰卡斯特宫举行，市委书记郭金龙见证揭牌，市文资办主任周茂非出席。

▶ 6 月，市文资办与印度中国经济文化促进会（ICEC）等单位就文化科技融合、文化人才培养等情况座谈交流。

10 月 30 日，“2015 年北京市文化融合发展项目合作推介会”举办。

11 月 23 日，“第三届京津冀文化创意产业合作暨项目推介会”在北京文化创意产业展示中心举办。

11 月 27 日，“第十九届京港洽谈会 · 京港创意设计交流会”在香港会展中心举办。

文化创意产业服务体系建设

6 月 16 日，市委常委、宣传部部长李伟出席首都文化产业协会成立仪式并揭牌。

6 月 16 日，京津冀三地文化产业协会签署框架合作协议，建立长效合作机制。

12 月 9 日至 18 日，“文创知名企业招聘会暨创业指导交流会”赴中国人民大学、中国传媒大学等 5 所首都高校进行宣讲。

12 月 15 日，“文聚英才　创享未来——文创知名企业招聘暨创业指导交流会”在清华大学举办。

目　录

第一部分　重要文献

第二部分　规范性文件

第三部分　北京市国有文化资产监督管理

市属文化企业战略规划

市属文化企业国有产权管理

机关干部队伍建设

新闻宣传工作

信息化建设工作

第四部分　北京市文化创意产业发展

文化创意产业结构和布局调整

文化与科技等相关产业融合发展

文化创意产业人才队伍建设

文化经济政策服务

第五部分 监管企业改革发展

第六部分 十六区文化创意产业发展

第七部分　大事记

第一部分

重要文献

在市委常委、宣传部部长李伟来市文资办调研座谈会上的情况汇报

市文资办主任　周茂非

（2015 年 3 月 25 日）

尊敬的李伟部长，各位领导：

按照会议安排，我简要汇报市文资办今年的工作思路和主要任务。2015 年，市文资办要在市委市政府的领导下，坚决贯彻市委宣传部的决策部署，紧紧围绕首都“四个中心”功能定位，主动适应新常态，坚持解放思想、不断改革创新，努力推动首都文化创意产业繁荣发展。

（一）深化文化体制改革，激发国有企业发展活力

认真履行出资人职责，实施国有文化企业“三重一大”“战略规划管理”“国有资本经营预算管理”“产权登记和评估管理”等制度，确保国有文化资产保值增值。坚持把社会效益放在首位，实现经济效益和社会效益相统一，推动建立中长期激励和约束机制，探索对不同类别、业态、股权分配方式的企业实施绩效考核和薪酬管理。以资本为纽带，优化国有文化资产布局，通过战略投资、兼并重组、上市交易，壮大国有文化资产规模，提升国有文化资产控制力和影响力。

（二）推动文化金融创新，增强企业发展动力

有效发挥市文投集团的主体作用，充分依托文创基金、融资担保、融资租赁、统贷平台、创新工场、小贷公司等工具，努力培育创意思路新、文化含量高、运营能力强、市场前景好的中小微文创企业。加速北京文化产权交易中心建设，构建文化资源的中心要素市场和交易平台。制定《推进北京市文化企业上市工作意见》，统筹推进企业上市。加强招商引资和配套服务，实现文创基金产业园开园运营。

创建“国家文化金融合作试验区”是我们站在经济新常态的视角下，在统筹考虑首都资源禀赋、审视文化创意产业发展趋势的基础上，做出的重大战略选择，得到了李伟部长的充分认可和大力支持。今年，我们将推进申报和创建工作。组建北京文化创意产业发展服务有限公司，将其作为试验区运营主体；尽快编制创建方案，确立先行先试政策的突破口；建立文创产品展示交易平台，促进文化与资本对接；在新华 1949 园区及其辐射范围内，集聚一批文化投融资、中介

服务机构，做大做优“文化金融超市”，建设试验区的核心区和先导区。

（三）激活文化需求，扩大首都文化消费

深入落实《北京市人民政府关于促进文化消费的意见》，构建全市共同促进文化消费的工作格局。精心办好第三届北京惠民文化消费季，促进有效销售和有效消费。扩大文惠卡覆盖面和动卡率，把握大数据产业机遇，改善文化供需关系，支持企业生产更多适销对路的文化产品。发布北京市文化消费指数，有效利用《2015北京文化消费指南》，激活消费潜力。

（四）增强项目支撑，优化产业布局

构建“联盟式”组织模式，探索功能区管理运行新机制。加快建设国家文化产业创新试验区、中国（怀柔）影视产业示范区，搭建专业化服务平台。加强北京“雁栖湖”品牌后APEC时期的开拓利用，完善文化旅游、会展产业链。推进环球影城主题公园、北京文化大数据产业园等重大项目进展。

（五）拓展平台渠道，加快推动文化“走出去”

确立“企业主体”的总战略，提升国家对外文化贸易基地运营效能，引进优秀文化企业，推动宝石交易所注册审批，加快展览展示及仓储物流中心、国际文化商品交易服务中心建设。扩大“北京庙会”品牌效能，筹划“北京庙会”走向北美等地。有效利用米兰世博会－北京周等平台，推动文化人才、技术、知识产权国际化运营，提升中华文化影响力。

（六）加强政策规划引导，优化产业发展环境

发挥首都文化经济政策平台作用，健全O2O模式，深入推进“一站式”服务，为大众创业、万众创新提供有力支撑。全面启动《北京市推进文化创意和设计服务与相关产业融合发展的行动计划（2015—2020年）》，督促各项任务落实，增强实体经济发展的质量和内涵。研究起草《关于加强和改进非公有制文化创意企业党的建设工作的意见》，为产业发展提供组织保障。

（七）疏通人才培育和发现渠道，夯实产业发展基础

探索建立职业经理人制度，加快国有文化企业市场化选人用人步伐。发挥市文创产业人才孵化基地效能，优化产学研合作机制，促进人才培养规范化、专业化。利用文创双高人才中心、文创高级人才管理研修班等载体，培养发现人才。

（八）坚持苦练内功，服务全局事业发展

完善新闻宣传工作机制，运用微信、官网等平台，加强首都文创产业发展成果宣传。制发《机关内部控制手册》，开展市级预算绩效管理试点和相关企业审计。编制《文化创意产业法律实务手册》，促进企业依法经营。严格落实党风廉政建设的主体责任和监督责任，完善相关制度机制。按照中央、市委统一部署，在处级以上领导干部中深入开展“三严三实”专题教育活动。切实做好机关党委换届选举和机关工会组建工作。

在 2015 北京文化创意产业展（台北）文化创意产业研讨会暨项目推介会上的讲话

市文资办主任　周茂非

（2015 年 4 月 23 日）

尊敬的各位嘉宾，女士们、先生们、朋友们：

大家上午好！

非常高兴再一次来到宝岛台湾，这里不仅有深厚的中华传统文化根基，也有无处不在的现代创意元素，传统与现代相互融合，相得益彰，独具魅力。在此，我代表北京文化创意产业台北展的主、协办单位，对各位嘉宾和朋友们的到来表示热烈的欢迎和亲切的问候！这次展览在筹备过程中得到了台北贸易中心等有关单位的大力支持和协助，在此，我代表主办方向各位致以衷心的感谢！

从 2009 年起，北京文化创意产业台北展已成功举办六届，在岛内和大陆产生了积极广泛的影响，在深化两岸文化创意产业交流合作、推动京台文化贸易等方面成效显著，促成了包括“北京地坛文化庙会·台北之旅”等在内的多个重大项目，已经成为两岸文化产业交流、合作与发展的重要互动平台。

借此机会，我先简要地向大家介绍一下北京市国有文化资产监督管理办公室。成立北京市文资办是北京市委市政府进行文化体制机制创新的重大举措。2013 年 6 月 18 日，北京市文资办正式挂牌成立，主要是统筹规划和实施文化改革发展相关工作，负责文化投资、资本运作、国有文化企事业单位资产管理，以及文化创意产业园区、重大文化项目、重点文化工程的规划和实施，推进北京文化创意产业发展。因此，我们非常希望台湾的文化企业到北京发展。

当前中国大陆经济呈现从高速增长转为中高速增长，经济结构不断优化升级，第三产业消费需求逐步成为主体，从要素驱动、投资驱动转向以创新驱动等为特征的“新常态”。文化创意产业作为第三产业的重要组成部分，在国民经济中的地位日趋重要，迎来新的发展契机。北京作为政治中心、文化中心、国际交往中心和科技创新中心，高端文化人才荟萃，各类总部机构集聚，消费人群庞大，资源基础雄厚，营销渠道通畅，市场辐射力强，在发展文化创意产业方面，具有得天独厚的优势，空间广阔、前景看好。

早在 2005 年，北京就大力发展文化创意产业，实施“文化科技双轮驱动”战略。2013 年文化创意产业成为仅次于金融业的第二大支柱产业。2014 年北京市文化创意产业增加值超过 2700 亿元，占地区生产总值的比重为13.1%，产业规模进一步扩大，结构进一步优化，效益进一步提升，进入质量效率型集约增长的新阶段，呈现出四个显著特点。

一是文化市场主体收入增加明显。2014年1—11月，北京市共有规模以上文创企业（年收入500万及以上）7405家，资产总计15649亿元，同比增长18.4%。在经济增速放缓的大形势下，7000多家企业收入逆势上扬，达到11029亿元，同比增长9.5%，增幅较2013年提高1.9个百分点。从业人员109.7万人，同比增长了2.2%。

二是文化投资、消费、贸易共同拉动。2014年，北京市文化创意产业完成固定资产投资额323.4亿元，同比增长2.1%。全市城镇居民人均文化娱乐服务和用品支出4170元，同比增长4.6%，占家庭人均消费性支出的14.9%。文化贸易进出口总额达41.8亿元，其中文化产品出口额10.3亿元，进口额31.5亿元。全市文化创意产业在投资、消费、贸易的共同拉动下平稳上升。

三是产业促进平台作用显著。搭建起较完整的文化金融服务平台，依托文创基金、融资担保、融资租赁、统贷平台、创新工场、小贷公司等工具，形成了“投、融、贷、保、孵”环环相扣、彼此支撑的文化金融新格局，为文化企业发展保驾护航；建立了北京市文化经济政策平台，提供政策发布、咨询和产业服务“一站式”服务，为大众创业、万众创新提供有力支撑；培育了一批国际文化交流品牌活动，中国(北京)国际服务贸易交易会、中国北京国际文化创意产业博览会、中国艺术品产业博览会、北京国际电影节、北京国际图书节、北京国际设计周、北京惠民文化消费季等经典品牌项目搭建起国际文化交流平台；建成了对外文化贸易服务平台，国家对外文化贸易基地（北京）、大山子文化保税监管区等文化贸易基地，充分发挥基地“境内关外”的政策优势，为国际国内文化生产、传输、出版以及贸易机构“走出去”和“引进来”提供便利渠道、节约费用成本、规避贸易风险、寻求发展空间。今年，我们还将加速建设北京文化产权交易中心，建立文创产品展示交易平台，促进文化与资本对接。我们希望借助这些平台，为来自中国台湾的文化企业家们提供服务。

四是文化市场潜力巨大。北京常住人口超过2000万，人均GDP超过1.6万美元。2013年北京常住人口居民文化消费总量是902.1亿元，占北京市地区生产总值的4.63%。加上近年来来京旅游的人数每年平均在2亿人次左右，在京人均消费超过1000美元。随着首都经济的快速发展，北京的文化消费正面临着爆发式增长，这为来北京发展的文化企业带来了巨大的机遇。

各位嘉宾、各位朋友：

北京与台湾同根同源，文化创意产业发展各具特点，在人才、技术、理念、区位等方面具有极高的互补性。当前，北京正在实施文化创新、科技创新的“双轮驱动”战略，到北京来投资创业特别是投资文化创意产业有极为广阔的发展空间，我们真诚希望海内外的朋友们来到北京这座古老又现代，充满生机、活力和希望的城市，旅游观光、商务考察、投资兴业。我们将竭力为大家提供更优质的服务，让北京成为全国文化产品和服务的集散地，国内文化产品和海外文化产品进入中国的首发地。同时，也希望京台两地能够进一步加强务实合作，从彼此“走进来”走向携手“走出去”，共同扩大中华文化的国际影响力。

最后，预祝 2015 北京文化创意产业台北展取得圆满成功！祝愿各位身体健康，万事如意！谢谢大家！

在房山区人民政府与文资泰玺资本管理有限公司《合作共建北京基金小镇协议书》签约仪式上的致辞

市文资办主任　周茂非

（2015 年 5 月 30 日）

尊敬的刘伟书记、曾赞荣区长，各位领导、各位来宾，媒体朋友们：

大家好！今天，文资泰玺资本管理有限公司与房山区人民政府正式签订协议，共建北京房山基金小镇，进一步整合优势资源，推进文化金融创新，为经济发展培育新的增长点。在此，我代表市文资办对协议的签署表示热烈的祝贺！

当前，北京文化创意产业和文化金融融合发展势头良好，处于黄金机遇期。2014 年，北京文化创意产业实现增加值 2794.3 亿元，占 GDP 达 13.1%；从业人员 109.7 万人，增长 2.2%。全年银行业金融机构文化产业贷款余额 805.68 亿元，同比增长 11.83%；2014 年，上市文化企业占北京地区全年上市公司的半壁江山，这充分展现了文化产业的活力和魅力，也凸显了文化金融融合的重要性。

市文资办成立以来，坚持破解文化企业融资难，率先搭建首都文化投融资服务体系，依托文投集团，先后组建文创基金管理公司、担保公司、文化创新工场、小额贷款公司、融资租赁公司等新型投融资工具。其中，基金公司已募集影视、动漫、艺术品等 15 支子基金，总规模达到 144 亿元，储备了一批具有相当投资潜力的优质项目。

实践表明，创新是发展的动力源泉，而文化金融创新要着力在内容和形式、技术和方法、路径和平台、要素和系统等领域全方位创新，如此才能加速文化金融血脉流通，推动跨界融合、协同发展。文资泰玺公司，应时而生，肩负重要使命，通过整合优质文化资源，构建新型融合发展机制和良好产业生态，助力首都打造“高、精、尖”经济结构。

经过长期实践和探索，发达国家的基金小镇已经确立了较成熟的发展模式。如：被誉为全球对冲基金大本营的美国格林尼治小镇，目前已凝聚 380 家对冲基金总部，掌管超过 1500 亿美元的资本，享誉全球资本市场。房山区占据了与河北涿州、涞源和天津北辰区地缘相近的优势，是京西南的交通要地，契合京津冀协同发展的国家战略要求。更难能可贵的是，新建的北京基金小镇集历史文化积淀、绿色生态、文化硅谷以及青龙湖国际红酒城等资源于一体，基础良好，发展优势和潜力显著。

北京基金小镇合作项目的签约，标志着

基金小镇建设步入实施阶段，前途光明，道路曲折。我们有理由相信，在国家发展战略的指引下，在市委市政府和区委区政府的共同推动下，在企业家和各部门的共同努力下，基金小镇必将不辱使命，发展成为文化金融融合发展的新亮点和新标杆。市文资办也将以高度的责任感和使命感，提供支持和服务！

最后，预祝合作取得圆满成功！

在新闻宣传工作交流会议上的讲话

市文资办副主任　刘绍坚

（2015 年 7 月 23 日）

各位新闻界的朋友：

大家好！今天，会场里群英荟萃，既有老朋友，也有新朋友。借此机会，我谨代表市文资办，对各位专家的支持表示热烈的欢迎和衷心的感谢！召开今天的会议，一方面向大家介绍一下市文资办的重点、亮点工作，让大家系统、全面地了解我们的主要工作和成效；另一方面是为了研讨下一步如何做好新闻宣传工作，加大对国有文化资产监管和推进对文创产业发展成效的宣传力度。希望新闻媒体的专家多提宝贵意见和建议。

首先，我简要向大家介绍一下上半年市文资办的综合情况。

一、全市文创产业情况

今年 1—5 月，全市规模以上文化创意产业收入 4106.3 亿元，同比增长 5.9%；从业人员 111.6 万人，同比增长 1%；完成文创固定资产投资 79.1 亿元，占全年任务的 24.7%，与全市总体进程持平；文化贸易进出口总额 11.11 亿美元，同比下降 5.8%，其中，进口总额 5.84 亿美元，同比下降 22.5%；出口总额 5.27 亿美元，同比增长 23.9%。1—4 月，全市文化、体育和娱乐业收入增长 15%。一季度，全市文创增加值占 GDP 比重达 13.1%，与 2014 年一季度 12.7% 相比有所提高，延续了 2014 年以来的良好态势；文化市场较为活跃，全市城镇居民人均文化娱乐服务支出增长率为 7.6%。

二、主要工作

2015 年上半年，市文资办以深化改革为主题，以创新驱动为主线，扎实推动各项工作并取得积极进展。首都文化改革发展呈现文化投融资服务体系更加完善，文化消费蓄势待发，国有文化资产监管基础更加夯实，文化“走出去”步伐不断加快，文化经济政策创新加速的良好风貌。

（一）完善文化金融格局，强化文化金融支撑力。

坚持释放国有资本撬动效益，不断拓展文化金融市场要素，稳步涵养资本内力，推动构建国家文化金融创新高地。

一是国家文化金融合作试验区加速推进。初步确立建设方案，试验区在“文化金融、财政税收、文创产业投资指导、产业规划提升”领域探索先行先试政策，同时将配套建立“组织领导、专项资金、人才培养、舆论宣传”四大保障机制。

二是首都文化投融资体系建设不断完善。文投集团拓展业务，投资成立影都文化投资公司，构建影视产业项目投资和园区运营平台；与光大证券合作，成立北京文资光大文创产业投资管理有限公司，进一步推动文化资源和金融资源的融合。基金公司管理子基金增至15支，总规模增至144亿元，运营业绩显著，与房山区政府共同建设北京基金小镇。文化创新工场加快模式完善和品牌输出，构建文化众创空间新体系。融资租赁公司已累计与32个项目企业签订22.75亿元的融资协议。文创担保、小贷公司共为131个项目提供融资支持，合同金额近9亿元，在一定程度上缓解了融资难、融资慢等问题。5月28日，市文资办与东城区政府签订战略合作协议，共同培育以产权交易为核心的文化要素市场。

三是着力监管专项资金。按照“决策有评估、预算有评审、过程有监督、结果有评价”的总体要求，为加强拨后资金监管，提高财政资金使用安全性和效率，组织第三方专业机构，对获得2014年专项资金支持的所有项目进行监督检查。

（二）拓展首都文化市场，强化文化消费促进力。

坚持文化、消费、惠民“三位一体”，加大资源整合力度，完善政策引导、机制保障、活动支撑的综合促销体系，努力开创北京“高原起伏、高峰不断”的首都文化消费新局面。

一是精心谋划第三届北京惠民文化消费季。创办“8.8惠民文化消费主题日”，将组织88家电商平台、888家品牌企业、8888家商业网点集中促销，产品和服务覆盖演出、电影、图书、动漫、网游等多个领域，掀起一波“O2O”式的文化消费热潮。

二是完善文惠卡促销机制。与腾讯签署《“互联网＋文化”合作框架协议》，探索互联网＋文化合作新模式。促进政银互动，推出文惠卡联名卡，提升惠民文化消费便捷性。截至6月底，文惠卡覆盖面和动卡率持续扩大，签约商户增至1661家，累计发卡超过160万张，交易额超过8.5亿元，累计提供优惠近1.1亿元。

三是落实《关于促进文化消费的意见》（以下简称《意见》）。以市政府名义发布，实现多个“第一”。作为全国首部专门针对文化消费的省级地方政策，《意见》分为4个部分，共计17条。围绕“市场主导，政府推动”“需求引领，创新驱动”“融合发展，产业联动”“资源共享，辐射带动”四项原则，提出了加强文化消费供给、培育文化消费理念、引导文化消费行为、丰富文化消费业态、拓展文化消费空间五个方面的重点任务，并通过一系列有力的扶持政策和保障措施加以支撑。《意见》得到了政府、学者和企业的高度评价。

（三）深化文化体制改革，强化国资监管控制力。

坚持改革促发展，推动建立党委和政府监管国有文化资产的体制机制，促进管人管事管资产更加协同有机，不断激发国有文化企业活力。

一是夯实国有文化资产监管制度基础。一方面，加快推进系列制度落地实施，为强化监管积累经验、完善措施。另一方面，研究制定现有监管制度体系的实施细则和操作方案，推动提升各项制度实施成效。

二是推动国有文化企业改革发展。加快国有文化资产布局结构调整，进一步摸清家底，为国有资产安全管理、合理配置、有效利用提供切实依据。

（四）细化布局实现路径，强化核心资源引导力。

坚持功能导向，加大产业核心资源吸引、培育、引导力度，逐步优化产业布局，提升产业发展质量。

一是扎实推进功能区建设。梳理提出各功能区建设思路、关键环节和重点工作。建立了功能区企业名录库，覆盖近7.5万家文创企业。

二是实施重大项目带动战略。加强与央、省、民属企业联系，形成《2015年重点文创项目投资计划》，21个重点项目实现总投资776.5亿元。组织召开“2015北京文创项目推介会”，签署《京津冀文创园区协同发展备忘录》，为促进三地资源与项目合作搭建协商对话新平台。

三是健全产业中介服务组织。成立首都文化产业协会，建设“政、产、学、研、用”互促平台，覆盖集聚保利文化、光线传媒等315家行业龙头企业，目前，已获得北京银行、工商银行北京分行超过200亿元授信。

（五）树立战略发展思维，强化文化产业创新力。

坚持大思维、大战略、大气度，围绕文化产业发展方向，开展前瞻性、系统性、深层次的谋划，以推动形成文化先进生产力迸发的新常态。

一是深化文化经济政策平台建设。创新运营服务机制，推动组建平台战略合作联盟，覆盖区县文创促进机构。完善政策信息流转、互联互通、协同对接的服务新机制，为产业创新提供支撑。

二是推动文化融合向纵深发展。以市政府名义发布《关于推进文化创意和设计服务与相关产业融合发展的行动计划（2015—2020年）》，坚持以“创意北京”为统领，以文化创意为灵魂，确定了制造等十大融合领域。

三是拓展文化产业发展领域。加快推动北京大数据产业发展，设计了“园区孵化（整合集聚）+股权投资+大数据应用开发服务”的协同经营模式。6月12日，市文资办与新华社北京分社签署协议，共同开发运营大数据产业园。

（六）优化培养服务方式，强化文创人才凝聚力。

坚持问题导向，围绕文创人才引进、培养、发展的关键节点，完善机制、健全载体、创新举措，增强人才向心效应。

一是加强文创产业人才培养基地建设。建立与人才基地共建机制，提升基地对文创人才的管理能力和服务水平，增强人才感召力。

二是搭建文创人才服务平台。创立北京文创双高人才发展中心，截至目前，为7家文创企业办理立户存档手续，已为20余家企业举办专题培训。

三是深化非公文创企业人才服务。联合高等院校和专业人才培训机构，举办5期培训班，覆盖文创领域党组织负责人和文化艺术管理人员300余人。

（七）巩固对外贸易阵地，强化企业出海拓展力。

坚持推动从“政府出资”向“企业投入”转化，继续拓展渠道、丰富载体，巩固滩头阵地。

一是深化企业“走出去”渠道建设。坚持市场化运作，做大做强北京文化庙会品牌，举办“2015北京文化庙会·台北之旅”活动，客流量达150万人次，现场销售达1580万新台币，合同金额6200万新台币，协议金额近5亿新台币；原创民族舞剧《孔子》在台北展演反响热烈。

二是加大企业“走出去”扶持力度。支持瀚海智业建设慕尼黑文创产业园区，搭建中华企业拓展德国市场的桥头堡。积极调度，推动华韵尚德在法兰克福建设中德文化中心。在其带动下，一批中华文化资源成功“走入”德国并辐射到欧洲其他国家和地区。

三、下半年工作思路

一是明确发展方向，夯实监管基础。探索分类监管、分类考核路径和措施，为国有文化企业改革指明方向。完善细化制度，起草企业领导人过渡期绩效薪酬、企业重大事项等相关管理办法。

二是凝聚力量，积极构建国家文化金融创新高地。高标准制定国家文化金融合作试验区建设方案，争取试验区牌照和系列先行先试政策，以促进文化金融资源集聚创新发展。深化“投保贷融孵托险”文化投融资服务体系建设，拓宽文化投融资渠道和服务方式，为小微文化企业提供强大资金支持。

三是提升品牌覆盖面和影响力，努力拓展文化消费。精心谋划第三届北京惠民文化消费季，策划“8.8惠民文化消费主题日”活动，通过优质文化产品和服务集中促销，激发文化消费潜力。完善文惠卡激励机制，加强宣传推广力度，扩大覆盖面和动卡率。依托第二届首都文化企业30强、30佳评选，完善文创企业评价机制，引导其依据市场需求提供社会效益与经济效益俱佳的文化产品和服务。

四是优化发展环境，构建良性产业生态。

编制文创功能区工作实施意见，为20个文创功能区制定建设发展路线图。加快完善功能区统计监测平台、专业化服务平台、功能区联盟等软环境建设，为优质企业和项目集聚奠定基础。深化京津冀项目合作机制，利用第三届北京市文创项目推介会契机，实施京津冀文创项目互推互荐，为功能区引进储备产业资源。

五是加强系统支撑，激发产业发展内力。依托文博会、京港洽谈会平台，建立完善文创企业交流贸易新机制。深化北京文化经济政策平台建设，以O2O方式，拓展投融资对接、创业创新大赛等活动，为平台注入新内涵。

市文资办成立以来，新闻媒体朋友带着感情、带着责任，热情宣传北京市文创产业的发展，多次聚焦市文资办，报道的篇幅数量不断增多、分量不断加重、影响不断扩大，对提升市文资办整体形象、宣传推广北京市文创产业发展的全新探索和成功经验，发挥了重要作用。市文资办在发展过程中取得的每一个进步，北京文创产业每一步崭新的发展，都与在座各位朋友的大力支持和热情帮助密不可分。在此，我代表市文资办，对各位长期以来给予的关心和支持表示衷心的感谢！希望大家能够一如既往地支持市文资办。

最后，祝大家工作愉快。谢谢大家！

在文化创意产业专业技术人员能力建设高级研修班（国家级）开班仪式上的讲话

市文资办主任　周茂非

（2015 年 8 月 24 日）

按照研修班的安排，今天由我和大家做个交流。研修班的重要职能，是给大家提供学习交流的平台。尤其这次研修班，有 20 多名来自京外的同志，大家相互学习交流很有意义。我从三个方面向大家介绍：一是北京市文资办有关情况。二是近年来北京市在推进文创产业发展方面的措施举措及成效。三是对下一步文创产业发展谈点思考。说得不对的地方，请大家批评指正。

一、介绍一下北京市文资办

北京市文资办，全称是北京市国有文化资产监督管理办公室，是北京市政府直属的正局级单位。成立文资办是北京市委、市政府落实中央精神，进行体制机制创新的重大举措，文资办应时而生、备受瞩目。

2011 年 10 月，党的十七届六中全会《中共中央关于深化文化体制改革，推动社会主义文化大发展大繁荣若干重大问题的决定》中，明确提出要“发挥首都全国文化中心示范作用”。李长春同志在北京调研期间强调，要进一步加快文化建设步伐，在体制机制创新等 10 个方面发挥示范带动作用。刘云山同志在北京调研时指出，要继续先行先试、大胆探索，在完善国有文化资产管理体制和文化体制改革发展保障机制等方面，为全国创造经验。在此背景下，2011 年 12 月，北京市委出台了《关于发挥文化中心作用，加快建设中国特色社会主义先进文化之都的意见》（以下简称《意见》），《意见》明确要求：“创新文化管理体制，按照管人管事管资产管导向相结合的要求，组建国有文化资产监督管理机构，统筹规划和实施文化改革发展相关工作，负责文化投资、资本运作、国有文化企事业单位资产管理及文化创意产业园区、重大文化项目、重点文化工程的规划立项和组织实施。”

2012 年春节后，市文资办开始筹建，当时可以说是一无所有，一切都是从头开始，我们在北京新闻大厦借了一间办公室，开始筹建工作。后来，队伍逐步组建起来。2012 年 5 月 4 日，中央编办批复。6 月 18 日，北京市文资办正式挂牌。12 月份，北京市编办下达“三定方案”，明确了市文资办的职能定位。

概括来说，市文资办有两大职能：一是负责国有文化资产的监督管理，实现国有文化资产保值增值；二是统筹推进北京市文化创意产业发展，比如，重大文化项目的规划立项和落地，文化投资以及文创产业园区的发展和建设等。有人形象地说，文资办既是文化战线的“国资委”，又是文化战线的“发改委”。

从全国来看，北京市文资办是全国第一家，也是唯一一家省级国有文化资产监督管理机构。揭牌当天，中宣部、文化部、中央文资办有关领导，以及北京市委组织部长、宣传部长等都参加了揭牌仪式。

机构是按照需求来设立的，文化以前是事业，不叫产业，随着改革的深化和形势的发展，其产业的属性增强，事业单位转企，国有企业改革，这些国有资产需要监管，文化产业的发展也需要统筹，这种形势需要建立一个机构。市文资办可以说就是顺应文化大发展大繁荣的时代要求，顺应文化体制改革的内在需求，应时、应运而生的。“应时、应运而生”是北京市委郭金龙书记的原话。

2013 年 6 月，刘云山同志来北京调研文化体制改革时，专门指出北京成立文资办为全国创造了经验，希望北京在文化创新方面继续大胆探索。2013 年 11 月，党的十八届三中全会进一步做出了“建立党委和政府监管国有文化资产的管理机构、实行管人管事管资产管导向相统一”的部署，更是极大地提高了我们的工作热情和工作信心。

刚才说了，除了国有文化资产监管，市文资办还承担促进全市文创产业发展的职责，说到底，盘活做强国有文化资产，也是要促进、引领文创产业发展。下面，我就介绍一下北京文创产业发展的总体情况。

二、近年来北京文创产业发展情况

大家知道，从 20 世纪 70 年代开始，英国、美国、日本、韩国以及我们国家等都越来越重视发展文化创意产业，文化创意产业在全球范围内成为热点，成为新兴的朝阳产业。同时，各个国家和地区也根据自身特点在实践中提出了不同的概念和叫法。比如，英国叫“创意产业”，美国叫“版权产业”，日本叫“内容产业”，联合国教科文组织叫“文化产业”，等等。在我们国家，叫法也不统一，国家层面是叫“文化产业”，2003 年 9 月，文化部《关于支持和促进文化产业发展的若干意见》将文化产业界定为：“从事文化产品生产和提供文化服务的经营性行业。文化产业是与文化事业相对应的概念，两者都是社会主义文化建设的重要组成部分。”但一些省市地区叫法也不一样，北京叫“文化创意产业”，台湾地区也叫“文化创意产业”，“文化创意产业”这个概念最初也是台湾地区在 2001 年提出来的。香港和上海一般也使用“文化创意产业”概念。北京市统计局对“文化创意产业”有个界定：“文化创意产业是指以创作、创造、创新为根本手段，以文化内容和创意成果为核心价值，以知识产权实现或消费为交易特征，为社会公众提供文化体验的具有内在联系的行业集群。”这是统计局比较规范的界定。

不同的叫法，内涵、范畴和统计标准也有所差别。下面我会提到北京文化创意产业和国家文化产业统计口径上的区别。我个人认为，“文化创意产业”概念比“文化产业”“创意产业”等概念包容性更强一些，更能体现时代特点。

大家知道，北京是历史文化名城，有3000多年建城史和850余年建都史，文源深、文脉广、文气足、文运盛，积淀了中华民族优秀传统文化的精华，具有丰厚的文化资源禀赋，具有发展文创产业的深厚基础和良好条件。2005年12月，北京市委九届十一次全会做出大力发展文创产业的重大决策，将文创产业作为首都重点发展的高端产业全面推进。经过“十一五”时期的大发展，文创产业已经成为首都的重要支柱产业和新的经济增长点，为城市经济转型升级做出了重要贡献。可以说，近10年北京文创产业发展非常迅猛，总的来看有以下四个特点。

第一个特点是速度快。

北京文创产业“十一五”时期增速最快，平均增速达到20.3%，之后这几年总体经济增速减缓，文创产业也是这种情况，增速不可能保持“十一五”时期的高速，但是仍然保持了相对高速的增长，这也很不容易。今年上半年，全市文创产业增加值占全市GDP的比重从2008年的12.1%提高到13.1%，打破了自2008年以来长期徘徊在12.3%的僵局。规模以上法人单位实现收入11029亿元，同比增长9.5%，增幅较上年提高1.9个百分点；规模以上产业从业人员达到111.6万人，同比增长1%。

现在第三次全国经济普查的最新数据已经出来了：2013年，全市文创产业法人单位达到14.6万家，比第二次全国经济普查增长1.7倍，第二次全国经济普查时是5万余家；从业人员183.6万人，比第二次全国经济普查增长71.3%；拥有资产20,594.7亿元，比第二次全国经济普查增长1.5倍；实现利润776.3亿元，比二经普增长1.8倍。大家知道，经济普查5年一次，通过这些数据，可以看出5年来文创产业发展还是非常迅速的，尽管增速有所放缓，但是文创产业作为支柱产业的地位丝毫没有动摇，它已经成为仅次于金融业的第二大经济支柱产业。

第二个特点是门类全。

现在北京市使用的是2006年北京市统计局颁布的九大门类、二十七个子项的口径。九大门类，即：（1）文化艺术；（2）新闻出版；（3）广播、电视、电影；（4）软件、网络及计算机服务；（5）广告会展；（6）艺术品交易；（7）设计服务；（8）旅游、休闲娱乐；（9）其他辅助服务。

刚才提到，北京的统计口径和国家统计局的口径有所区别，国家统计局是按照十大类，把制造业的一部分纳入文化产业。北京市的划分标准是以第三产业为主，特别不同的是把软件、网络及计算机服务纳入文创产业，国家统计局的标准中没有把整个软件、网络和计算机服务业纳入文化产业中，而是把其中涉及网络游戏、动漫和数字的内容列入文化产业。所以国家统计局称文化产业，而北京市称文化创意产业，在口径上略有区别。但是不管用什么口径去统计，北京市文创产业在全国已经居于领先地位。

通过2012年数据可以做个对比：2012年全国文化产业占GDP的比重为3.48%，当年北京市文创产业如果按照国家文化产业的统计标准来计算，占GDP的比重是8.2%，上海是6.19%，北京是处于领先地位的。

第三个特点是实力强。

与其他省市相比，北京市的文化发展力、文化创新力、文化带动力、文化影响力、文化推动力等是处于全国领先地位的。

目前，北京被联合国教科文组织批准成为全球第12个“设计之都”，国际关注度进一步提升。北京教育科技以及相关研究机构众多，人才总量居全国首位。北京电视剧产量居全国第一，电影制作占据全国半壁江山，数字电影后期制作能力已占全国近70%，票房收入连续4年稳居全国首位。图书出版单位、报刊种类、音像出版分别占全国的41%、30%、43%。北京市著作权登记数占全国的50%。文化艺术品交易量和文化产品出口均居全国首位，文物艺术品交易总额占全国总额80%以上，电影出口占全国的50%，动漫网游出口占全国60%。截至2014年9月，北京地区上市文化企业70家，A股市场北京文化板块初具规模。

第四个特点是“两非”成为主力。即：非公有制企业、非京籍从业人员成为北京文创产业发展的主力军。

以上三条特点主要体现产业发展的总体情况，这一条体现的是结构性特征。据统计，全市文创企业中，非公企业的数量占比接近90%；规模以上文创企业中，非公企业的数量占比超过80%，总收入及从业人员数量占比接近80%。可见，非公文化企业已经成为主力军，地位和作用非常突出。另外，2013年市文资办开展了一项针对非京籍流动文化创意人才，也就是“北漂”人才的调研。通过对十个区县、覆盖文创产业九大门类以及各层次从业群体的抽样调查，并参考市统计局、流管办相关数据，全市文创产业从业人员中，流动人员超过100万，已经成为主力军。发挥好“北漂”人才的作用，为他们服务好，团结凝聚他们为首都文化建设做贡献，是我们正在研究和推进的一项重要课题。

北京市历届党委、政府都十分重视文化创意产业的发展。近年来，先后出台一系列推动文创产业发展的政策措施。比如，从2006年就出台了《促进文化创意产业发展的若干政策》，仅“十一五”期间就出台了21个扶持产业发展的政策措施。特别是在2011年12月，北京市委十届十次全会出台了《关于发挥文化中心作用，加快建设中国特色社会主义先进文化之都的意见》（以下简称《意见》），作为北京推动文化改革发展的统领性文件，对支持发展文创产业政策，做了原则上和战略上的规划部署。这个《意见》也就是我们正在逐步完善的“1+X”政策中的“1”。所谓“X”，是指围绕“1”的总体要求和政策构想，针对北京文化改革发展的重点、难点问题出台的一系列政策文件。比如已经出台的《金融促进首都文化创意产业发展的意见》《北京市工商行政管理局关于支持文化产业创新发展的工作意见》《关于促进文化与旅游发展的若干意见》等。

市文资办成立后，深入研究文创产业发展中存在的深层次矛盾和问题，积极探索解决对策。大家知道，北京文创产业发展总体是不错的，但还存在一些突出问题：比如，文创企业“融资难”，区县同质化竞争、重复建设问题；再比如，文化消费潜力没有充分释放，具有核心竞争力的超大型文化集团和有自主知识产权的文化精品、文化品牌还不多，以及人才瓶颈问题；等等。文资办成立近 3 年来，针对这些突出问题，大胆探索创新，重点在 8 个方面实现了新进展和新突破，概括为“八个坚持，八项创新发展”。

（一）坚持制度先行，进一步提高国有文化资产监管水平

加强国有文化资产监管，是文资办的“立办之本”。按照社会效益放首位、社会效益和经济效益相统一的原则，我们结合不同类型市属文化企业特点，研究起草了《关于深化市属国有文化企业改革的工作意见》，为全市系统制定分类监管的制度和政策提供支撑。在政策设计层面，围绕“投资监管”“资产布局和结构调整”“企业负责人绩效考核与薪酬管理”“经济责任审计”“产权管理”等设计制定了一系列制度，完成了特殊管理股、股权激励等制度的初步设计，有效奠定了国有文化资产监管的制度基础。在国有文化资产监管方面，以前没有专门的机构，市里有关部门虽然也在做这项工作，但实质上没有真正监管起来，下一步将按照要求健全完善、制定下发。

深入摸底调研，完成对全市 181 家国有文化企业的资产清查，加强监管企业领导人员年度业绩考核，开展了国有股权代表选派试点和 12 家企业经济责任审计，不断规范和健全监管网络，提高资产监管水平。

（二）坚持机制创新，促进文化与金融深度融合

金融是经济运行的“血脉”，是现代经济的核心。在当代社会，一个产业的发展没有金融的支持是壮大不了的，推动文化产业与金融业的对接，不仅有利于大力拓展金融业的发展空间，还有利于不断激发文化产业的发展活力，这是一种双向共赢的发展战略。产业融合发展涉及很多领域，文化与金融融合应当说是一个关键。因为，融资难问题一直是困扰文化企业发展的一个重点难点问题。

一直以来，文化产业相比其他产业领域，

在投融资体制改革方面相对滞后，一方面，由于文化具有意识形态的属性，文化产业发展受到较严格管控。比如，国家对国外资本进入一些文化领域会加以限制。事实上在国际上，文化服务也并未被纳入一般服务贸易范畴。许多国家和地区，比如法国、加拿大以及欧盟都制定了文化保护的政策，限制其他国家文化资本的进入，法国明确提出了“文化例外”原则，保护本国文化不被其他文化渗透。另一方面，由于文化企业“轻资产多、硬资产少”的特点，相当多的文化企业主要投入是智力支出，如广播电视、新闻出版、设计服务等这些行业中，多数企业普遍拥有的是版权、著作权、商标权、专利权等无形资产，这些无形资产在价值评估、权利归属、流动处置等方面有很大的不确定性，金融机构交易接受的多数是房地产大宗原材料、存货固定资产或者是实物资产，这样导致这些企业传统的抵押品比较少，融资就比较难。以上这些因素，造成文化企业投融资“难度大、成本高、渠道少”。过去，北京没有建立服务各类文化企业的投融资体系，投资基金没有建立，担保机制也不健全，文化企业融资渠道比较单一，主要依靠银行贷款这种间接融资的方式。

市文资办成立以来，积极创新文化投融资体制机制，加强政企银合作，在促进文化与金融深度融合方面，做了大量工作。比如：

与金融主管部门以及金融机构建立了协调沟通机制，共同研究如何有效扩大文化市场的对内和对外开放，促进文化资本的自由流动，让更多的金融资本和社会资本流向文化产业；我们和金融局出台了《金融促进首都文化创意产业发展的意见》，有关措施正在不断细化和落实。

与人民银行北京营管部签署战略协议，联合文化部等优势资源，共建“国家文化金融合作试验区”，开展系列政策先行先试，打造体制机制创新高地。目前，已组建北京文化创意产业发展服务有限公司，承担试验区建设推进机构和公共服务平台功能。

成立当年，与 12 家银行签署战略合作协议，提供 1200 亿融资授信。去年，又与光大银行北京分行签署战略协议，获取文创企业融资、重组上市、银团、资产证券化等一揽子金融服务；与北京银行签署系列战略协议，为首都文创企业争取授信 800 亿元，创新推出“文创信保贷”，构建中小企业融资绿色通道。可以说，北京市在文创产业发展的资金上并不困难，重要的是我们的资金投向哪里，有什么好的项目，如果有好的项目，银行的授信额度都可以充分使用。

我们重点是建立起一套较为完善的文化投融资服务体系，形成了以“一个平台”为主体、“多个支点”为支撑，立体化、全方位的投融资服务构架，打出了一系列“组合拳”。

首先是成立了注册资本 50 亿元的北京市文化投资发展集团，简称“文投集团”，分 4 年注满，现金注入，作为首都文化投融资平台和重大项目实施主体，代表政府以股权投资方式对重点文化企业和重大文化项目进行投资，这是所说的“一个平台”。在文投集团下面，我们又按照现代金融领域运行规律，陆续采取一系列举措，成立了多个支撑机构。

一是出资1亿元成立了北京市文化创意产业投资基金管理公司，同时出资8亿元发起设立北京市文化创意产业投资基金。采用母基金结合子基金方式募集资金，即：投入8亿元财政资金，与其他资本共同设立15至20亿的母基金，再针对文创产业不同行业，设立10至15支子基金。目前募集资金规模已达135亿，财政资金放大了16倍多。基金公司已经与有关企业合作发起设立“北京央广文资产业投资基金”“北京文资华夏影视基金”等14支子基金。对央广视讯、中投视讯两家中央文化企业进行了股权投资，实现了国有资本增值，其中股权投资央广视讯1亿元取得央广视讯23%股权，股权投资中投视讯4000万元取得该公司3.3%股权，目前已有多家投资方愿意溢价一倍以上收购基金拥有的股权。文资华夏影视子基金投资电影《天将雄师》7200万元，占该影片20%股权，目前《天将雄师》国内票房已达7.5亿元，并在海外30多个国家热映。这部电影成功有个特点，就是将主旋律的文化价值和逐利性的商业价值融合统一，实现票房与口碑双赢。另外，去年依托基金公司，由文投集团牵头，重组收购了“松辽汽车”，在文化艺术界、金融证券界引起较大反响。“松辽汽车”本来是在辽宁注册的一家企业，濒临倒闭，几乎净资产为零，已经停牌，就是一个标准的“壳”，剩几十个人、200多亩地，汽车早就不生产了，6次重组未成。基金公司一直在寻找这种“壳”的资源，希望打造一个北京市文化类的上市融资平台，经过调研，最后选定了“松辽汽车”，和他们谈后，他们眼前一亮，放弃了其他梦想，与我们基金和文投合作，重组“松辽汽车”。在此过程中，我们采取定向增发、资产并购、重组、借壳四位一体，我们联合了耀莱、都玩公司，这两家公司都具备了上市条件，但排队时间很长，我们和他们谈，把他们并购到重组的上市公司中去，他们非常愿意。文投集团和基金公司出资12亿元成立北京文资控股有限公司，作为其重组上市的第一大股东，并购耀莱全部资产，耀莱是第二大股东，我们约占22%点，耀莱约占17%，都玩约占14%，是第三大股东，以前其他的股东就成了小股东。消息一公布，“松辽汽车”复牌后连续10个涨停，变身成为文化企业，以前的业务不再开展，进入到影视游戏行业。我们可以说是“借壳上市”，以后名称就叫“文资控股”，未来可以依托这个上市平台，对北京市国有文化资产进行并购重组，整合优化。

二是出资1.02亿元，带动社会资本0.98亿元，成立注册资本2亿元的北京市文化产业小额贷款股份有限公司，主要是解决中小微企业的“融资难”问题，特别是针对一些短期、急切的融资需求，目前已经为近 30 个潜力项目提供了贷款帮扶。

三是投入 4.4 亿元，吸引社会资本 10.6 亿元，设立注册资本 15 亿元的北京市文化科技融资担保公司，为文创企业在融资过程中提供担保和再担保服务。有贷款没有担保也不行，所以说我们是在做一条龙的服务。目前担保公司核准投放 184 个项目，批准保额超过 37 亿元，净利润 5700 万元，主要支持中小型文创企业，行业涉及电影电视、广告、设计、网络游戏、珠宝首饰、艺术等多个领域，有效支持了北京文创产业的融资。

四是出资 2 亿元成立北京市文化置业有限公司，主要做文化地产项目和文创产业园区开发，目前正主打文创基金产业园项目，共 60 亩，地址在大兴区南五环星光产业园，按市场估值所在地块已增值 10 亿元以上。今年 3 月份，文化置业公司经过多轮竞拍，力压首创天恒联合体、K2 地产、金地、中骏多家知名地产公司，以 10.8 亿元的价格夺得通州区宋庄镇 0301—1201 地块，折合楼面价 6558 元 / 平方米。该地块靠近宋庄镇画家村，宗地属性为 F3 其他类多功能用地，土地面积 13.7 万平方米，其中建设用地 6.59 万平方米。摘得该地块是文化置业公司首次参与市场竞争的重要成果，标志着文化置业公司进入到推进文化产业园区规模化、品牌化建设新阶段。

五是投入 1 亿元成立北京文化创新工场管理有限公司，建立文化创意孵化基地，扶持优秀文化企业和项目发展。文化创新工场确立金融超市模式，围绕全产业链梳理、全工作流程服务的整体思路，积极引进企业资源，促进资金流、创意流、信息流之间的有效衔接。文化置业公司开发的园区项目，可以由创新工场来运营。我们第一家创新工场在西城区新华 1949 园区，这是我们的核心示范区，有 1 万多平方米，以很低的租金优惠，吸引 200 多家企业报名，近 50 家落户。目前，各区和相关机构拟邀共建特色基地意向 12 家，将来创新工场模式要逐步扩大到 16 个区，形成全市性的规模效应。

六是出资 3 亿元，吸引社会资本 8.2 亿元，成立北京市文化科技融资租赁股份公司，首期注册资本 11.2 亿元，目前增资到近 19.6 亿元，为企业真正解决“融资难”的问题。比方说，过去企业到银行贷款或者到其他机构融资，没有实实在在的资产做抵押的话，银行是不会给钱的，但我们的文化融资租赁基本上解决了这个问题。我们既做有形的融资租赁，也做无形的融资租赁，建立一整套文化的无形资产评估体系。比如，企业有一个很好的创意团队，策划了一场很好的演出，但如果只有创意头脑，没有其他资产抵押的话，银行等机构很难把钱给你。但是我们融资租赁公司进行评估后，如果觉得它是有市场前景的，舞台、设备、音响、灯光等我们可以租给你，你们用以后的票房来还，这是有形的租赁。无形资产，比如说企业有著作权、游戏开发权、版权等，都可以拿来评估后作价，进行融资租赁。这种模式就解决了企业在关键时期投入资金过多影响后期发展的问题。我们的融资租赁公司是全国首家文化类的融资租赁公司，开创了文化无形资产融资的新模式，是党的十八届三中全会以后中国文化产业领域的重大创新。公司开业 3 个月实现利润总额超过 3100 万元，我们力求在 3—5 年内打造中国第一家上市的文化产业融资租赁公司，力争到 2018 年资产规模做到 300 亿元以上。

七是由市文投集团控股，引入中央文化企业以及北京产权交易所等具有一定社会影响力和公信力的社会资本，共同出资 1 亿元，成立北京文化产权交易中心有限责任公司，构建要素交易平台。文化产权交易中心按照“政府引导、总体规划、业务集成、专业运作”思路，以资源整合为重点、平台建设为依托，聚集各类文化企业、金融企业、咨询顾问、资产评估、经纪代理、法律服务等中介机构，发挥产权交易中心作为文化资源整合核心的优势，开展文化企业股权交易，通过交易所汇集市场数据的“大数据”优势为金融企业开发适合文化企业特点的金融产品和服务，提供创新型金融服务，为出版物、影视、动漫作品等文化产品的冠名权、著作权、商标权、文化活动代理权、经纪权等文化类无形资产交易，提供交易咨询、资产评估、信息发布、信用增信等交易增值服务。

以上是一整套投融资服务体系，形成了“投、融、贷、保、文化要素市场、孵化、置业”环环相扣、彼此支撑的文化金融新格局，为广大文创企业提供全方位的金融服务，随着形势需要，其服务体系将进一步健全完善。比如，我们下一步还要研究搭建首都文化投融资网上服务平台，适时启动成立全国第一家民营文化银行的调研工作，条件成熟时，考虑与相关金融机构、企业合作设立文化信托公司，等等，实现首都文化与金融更全面、更深入的融合。

我个人认为，未来 3—5 年的时间，真正能打造出几个超大型的文化企业集团来。比如文投集团、北京传媒集团、北京新媒体集团等。通过资本运作和股权投资，文投集团 5 年时间就可以打造成拥有千亿资产的超大型文化企业。未来我们还会选择一批有上市前景的、好的民营企业，先期进行投入，通过文投、母基金、子基金三个层面来投。我曾经形象地比喻，风险投资投 10 个企业，有 1 家企业上市就挣钱。而我们的基金不是风险投资资本，也不是单纯的 PE（私募股权投资基金），而是有政府背景的投资基金，我们的文投集团是代表政府进行股权投资。在未来 3 年，北京市要形成文化创意产业的上市板块，这个板块现在已经有 70 家，我们希望未来 3 年达到 100 家，这既是文化产业投资又是文化产业的资本运作，我常说，文化产业只有插上了金融的翅膀，才能真正腾飞。

在文化与资本对接方面，我们的文化创

新发展专项资金也起到重要作用。从2012年开始，全市每年统筹100亿文化创新发展专项资金，60亿是存量，40亿是增量。我们从中列支一部分资金，面向社会公开征集项目，采取补助、贷款贴息和奖励三种方式，给企业一些资助，带动社会资本投入文创产业。2012—2013年，累计安排专项资金17亿元（2012年9亿元，2013年8亿元），共支持626个文化项目，带动社会投资546.82亿元。连续两年，在全市宣传思想文化系统专项资金绩效考评中，文资办综合成绩位列第一。去年安排专项资金5亿元，支持202个项目，财政杠杆率从2013年的35倍提高到40倍，专项资金的扶持引导作用不断提升。今年专项资金5亿元，以后专项资金会逐步减少，更多的是通过股权投资等方式，希望大家更多关注和融入我们的投融资服务体系。

（三）坚持模式创新，激发首都文化消费活力

总的来说，近年来北京文化消费的发展态势良好，但相比其他发达国家和城市仍显疲软，与首都全国文化中心的地位还不相称，文化消费在居民收入中的支出比例还不高，文化消费还需要进一步扩大。

为促进文化消费，市文资办成立以来，进行了深入调研论证，针对存在的主要问题，积极创新模式，采取了一系列创造性的举措，重点是举办了惠民文化消费季，创新推出了北京文惠卡。

惠民文化消费季是全市性的文化促销惠民活动，已经举办了两届，2013年是首届，包含九大专项活动、九大展销板块和十六区（县）专题活动，短短45天，吸引2654.3万人次参与文化消费，实现消费金额52.3亿元。去年举办了第二届，为期两个月，包括十大专项、十大展销、十六区（县）专题活动。第二届活动累计消费3772.5万人次，消费金额101.8亿元，与第一届相比接近翻番，取得了社会效益和经济效益的双丰收。第三届消费季也将很快启动，今年8月8日，我们启动了惠民文化消费主题日活动，算是为今年消费季进行了预演，效果非常好。

举办消费季的同时，我们创新推出文惠卡。截至目前，文惠卡累计发放170余万张，签约商户超过2000家，交易总额超过8.5亿元，累计为消费者提供优惠近1.1亿元。

北京在全国率先推出文惠卡。文惠卡免费发放，只要提供身份证和电话号码即可申领。好处是，有1600多家签约商户，包括影院、书店、艺术品展销、图书馆，还有一些培训机构、健身机构和旅游景区等等，大家去看戏、买书、看电影、买音像制品、孩子培训等都可以打折优惠。通过文惠卡，又可以让企业受惠，商户加盟后，可以面向160多万群体随时随刻推介企业的产品和服务，搭建一个免费的宣传推介平台。所以文惠卡是让消费者和企业共同受惠。

我们的惠民文化消费季，得到了刘延东、刘奇葆等中央领导的高度肯定，刘延东同志两次批示，说北京的惠民文化消费季“惠民惠企，经验值得推广”。中央电视台、新华社、人民日报、经济日报、光明日报等都做了宣传报道。

（四）坚持规划先导，推动文创产业功能区转型升级

北京文创产业发展很快，但还存在小、散、乱，整体实力和竞争力不强等问题。以前在市级层面认定了30个集聚区，但存在重复建设和区域发展同质化等问题。为此，在大量调研基础上，我们编制了《北京市文化创意产业功能区建设发展规划（2014—2020年）》和《北京市文化创意产业提升规划（2014—2020年）》，通过完善顶层设计，统筹引导全市文创产业科学发展。两个规划去年5月份已经以市政府名义正式印发。这两个规划涉及北京文创产业发展的总体方向，描绘了产业的发展蓝图。其中，功能区规划侧重优化产业空间布局，产业提升规划侧重优化产业质量和内涵。因为文件已经公布了，大家在“首都之窗”或者文资办网站都能看到，今天就不详细讲了，把主要框架给大家点一下。

首先看文创产业功能区规划。

功能区规划提出，到2020年，北京市将建设20个文创产业功能区，规划总面积441.56平方公里，约占全市平原面积的6.5%；规划形成“一核、一带、两轴、多中心”的空间发展格局和“两条主线带动，七大板块支撑”的产业支撑体系，并构建“1+7+N”的综合保障体系。

功能区规划是全国第一个省级文创产业空间布局规划，首次明确了首都文创产业错位发展的格局，创新提出了产业融合、区域融合相统一的规划思路。

大家看一下空间发展格局的图：一核是“中心城文化核”；一带是“文化科技融合带”；两轴是沿长安街延伸的东西轴“北京文化创造产业轴”，以及沿城市中轴线的南北轴“北京文化服务产业轴”；多中心是以功能区和分片区为中心，辐射带动周边区域文创产业发展的重要节点。

下面是产业支撑体系：两条主线是指文化科技融合、文化金融融合两大主线；七大板块是文化艺术、传媒影视、出版发行、设计服务、文化交易、会展活动、文化休闲等七个功能区板块。

下面是“1+7+N”的综合保障体系：也就是“一揽子基础认定政策，七项综合保障措施，若干个性发展策略”。

从实施上看，功能区建设总体思路是“突出重点、兼顾基础、构建体系、抓好示范”，先期建设示范区，进而形成差异化、特色化、集群化发展态势。总的目标是，到2020年力争使功能区创造全市80%以上文创产业收入。

再简要看一下文创产业提升规划。

产业提升规划提出文创产业“3+3+X”分类发展策略，将文创产业分为传统行业、优势行业、融合业态三大领域。其中传统行业包括文化艺术、广播影视、新闻出版三大行业；优势行业包括广告会展、艺术品交易、设计服务三大行业；融合业态包括文化科技融合、文化金融融合、文化与其他领域融合3个方面，文化科技融合和文化与其他领域融合又进一步做了细分。在分类的基础上，产业提升规划分别提出了发展思路和策略。规划的目标是，到2020年文创产业增加值占GDP比重达到15%以上。

这两个规划非常重要，今天我重点把框架点一下，希望大家课后到网上认真看一下全文。

（五）坚持品牌带动，吸引重大文化产业项目落地

我们实施重大项目带动战略，建成北京文化产业项目库管理平台，目前纳入监管的重大项目252个。通过逐一分析梳理，建设一批，储备一批，有效推动项目落地。比如，吸引万达集团在京组建注册资本50亿元的万达文化产业集团，吸引北京文化硅谷、国家时尚创意中心、环球影城等品牌优、体量大、辐射强、效益好的重大项目相继落户。高标准建成了全国首家综合性文创产业展示中心，使其成为首都文化领域全景化、科技化的展示窗口。通过文化科技融合的展陈创新方式，为系统打造北京文创产业“政策平台、信息平台、展示平台、交易平台”奠定了基础。目前正在建设文化经济政策平台，建成后可以为全市提供文创产业政策发布、咨询和产业落地的一站式服务。

我们大力引导和培育骨干文化企业，开展了首届首都文化企业“30强、30佳”评选工作。同时，在市文资办指导下，由首都文化企业自愿发起成立首都文化产业协会，首批会员达到315家，包括保利文化、北广传媒、光线传媒、完美世界、畅游时代、嘉德拍卖、四达时代、开心麻花、歌华文化、北京文投集团、中国集邮总公司、小米科技、当当网等知名文化企业，6月16日，召开了协会成立大会，文化部、北京市委宣传部的领导到会祝贺。

（六）坚持拓宽渠道，推动文化“走出去”

制定《关于加快国家对外文化贸易基地（北京）建设发展的意见》，由市政府和文化部联合印发，国家对外文化贸易基地已于去年8月正式开园。实施“延伸触角”、“整合营销”等策略，组织“中国三大男高音”参加英国皇家综艺晚会百年庆典活动。联手美国哈佛大学艺术中心，策划举办了“我爱北京”国际编剧大赛，八大名校发起，编北京故事，组织获奖者来京体验北京文化，搭建获奖作品、投资商、影视机构的联通平台。文创国际创编的《青蛇》剧目巡演香港、澳门、台湾、新加坡等地，效果良好。文投集团合资投编运营的民族歌舞剧《马可·波罗传奇》，获中国少数民族戏剧节金奖，成功登陆美国布兰森白宫剧院，驻场演出近300场。加大扶持力度，帮扶瀚海智业投资建设“北京·洛杉矶”文化创意产业园，资源和企业初具集聚规模。助推华韵尚德、四达时代等外向型企业拓展欧洲、非洲市场。举办"2014北京·首尔文化交流——新媒体艺术作品展"，推动中韩新媒体艺术交流合作。此外，还策划了慕尼黑啤酒节"北京之旅"，借助文博会、京交会、京港、京澳洽谈会等平台契机，策划举行各类展示交易活动，宣传推广文化企业和项目。举办了"北京文化庙会·台北之旅"，在台北引起积极反响，已经举办了两年，下一步要走进澳门、美国。

（七）坚持人才兴业，建设首都文化产业人才高地

人才资源是第一资源，特别是文创产业突出个人创造力的发挥，更决定了人才是产业发展最核心的要素。刚才提到，与文创产业的快速发展相比，人才的供给总体不足，特别是结构性短缺还比较突出，高端领军人才，动漫等新兴行业的原创人才，既熟悉国内市场又熟悉国际市场、既懂文化创意又懂经营管理的复合型人才比较匮乏。

为了发挥好人才在产业发展中的支撑作用，我们着手研制首都文创人才战略规划，推动出台与文创产业地位相匹配的人才政策体系。分层次开展文创人才培训，特别是加强对紧缺人才的培养和培训。分两批在全市认定了30家文创产业人才培养基地，构建多元化人才培养体系，引导教育培训资源向文创产业人才培养流动。创新人才服务管理机制，与北京双高人才发展中心合作，成立了北京文创双高人才发展中心，为文创企业及人才搭建专业化的人力资源服务平台。"双高"是指高级经营管理人才和高级技术人才。文创双高中心具有档案管理、政策咨询、代理招聘、人才引进等综合服务功能，在新华1949园区办公，目前已开展了为园区企业和文投集团子公司的服务，下一步还要面向16区（县）20个功能区延伸，有这方面需求大家可以去咨询洽谈。

（八）坚持党建引领，为文创产业科学发展提供坚强保证

文创产业具有商品和意识形态双重属性，文化产品作为价值观的承载者，对人们的思想观念和行为方式具有持续深远的影响作用。正因如此，我们始终坚持以党建引领产业发展，为文创产业发展保驾护航。一方面，从建强组织、健全制度入手，深入抓好国有文化企业党组织建设，确保党组织和党的工作覆盖不空白，党建工作不滞后。另一方面，积极探索加强非公文创领域党建工作。定期开展非公文创领域优秀共产党员、优秀党务工作者、先进基层党组织评选表彰，树立标杆。定期举办全市非公文创领域党组织负责人培训班，让非公文创企业的党组织负责人"进党校"，找到"家"的温暖。为了推动建立市级层面的工作统筹平台，整合全市资源力量，系统解决非公文创企业党建问题，在深入调研基础上，研究起草了《关于加强和改进非公文创企业党建工作的意见》，着力推动从全市层面加强非公文创企业党建工作。

三、对文创产业发展态势的几点思考

从大的发展形势来看，文创产业可以说正处在一个难得的历史机遇期，或者说战略机遇期。

一方面，经济发展进入新常态，为文创产业发展提供了广阔空间。我国经济发展进入新常态，是中央审时度势做出的重大战略判断，是当前及今后一个时期谋划发展的大逻辑。从去年开始，习近平总书记多次提及“新常态”。去年底召开的中央经济工作会议，就经济发展新常态问题进行了全面阐述。经济发展新常态概括起来有九条特征：一是投资从高强度大规模开发建设，向新业态、新商业模式投资转变。二是消费从模仿型、排浪式，向个性化、多样化转变，消费在经济发展中的地位更高、作用更大。三是出口和国际收支从单纯依靠出口拉动，向高水平引进来、大规模走出去转变。四是生产能力从供给过剩向供求平衡转变，新兴产业、服务业、小微企业作用更凸显，产业方式呈现小型化、智能化、专业化新特征。五是生产要素优势从劳动力低成本，向人力资本质量和技术创新转变。六是市场竞争方式从数量扩张和价格大战，向质量型、差异化竞争转变。七是资源环境约束从高能耗、高污染，向绿色低碳循环发展新方式转变。八是积累的经济风险已逐渐显现，但化解前期政策“后遗症”仍会持续一段时间。九是资源配置和宏观调控方式，从全面政策刺激向发挥市场决定性作用转变。

可以说，经济发展进入新常态，就是我们国家当前经济建设的最新形势，为我们在经济发展大局中找准定位提供了基本框架。对文创产业来讲，既有压力，又有动力，更是机遇。经济新常态的九条特征，从根本上来看，就是强调经济发展方式转变。文创产业作为新兴产业，符合中央对经济结构调整升级的方向，符合打造大众创业、万众创新和增加公共产品、公共服务“双引擎”的长远战略，简单说就是符合形势发展要求。大家要深刻认识、主动适应这种新常态，积极寻找和拓展发展空间，为文创产业发展以及宏观经济建设做出贡献。

另一方面，文化改革发展全面深化，为文创产业发展提供了强大动力。去年，围绕文化体制改革和文化繁荣发展，中央密集出台了“深化文化体制改革”、“推动传统媒体和新兴媒体融合发展”、“经营性文化事业单位转制”、“进一步支持文化企业发展”、“支持小微文化企业发展”等数十项政策，特别是以国务院名义连续出台了《关于推进文化创意和设计服务与相关产业融合发展的若干意见》（国发〔2014〕10号）和《关于加快发展对外文化贸易的意见》（国发〔2014〕14号），对文创产业的发展起到重要推动作用。

特别要说明的是，去年国务院10号文的出台意义重大。大家知道，产业融合发展已经成为一个大趋势，目前文化创意已贯穿于经济社会各领域各行业，呈现出多向交互融合的态势，国务院10号文的出台，把文化创意和设计服务与相关产业融合发展上升为了国家战略。为了贯彻落实国务院10号文精神，去年市文资办牵头编制了《北京市关于推进文化创意和设计服务与相关产业融合发展的行动计划》，坚持以“创意北京”为统领，以文化创意为灵魂，确定了工业制造、数字内容、商务、旅游、农业、体育等十大融合领域，制定了财税、人才、基础资源等8项保障机制，确立了37类131项重点任务。目前，市政府常务会议已经审议通过。今年中央有望出台“文化产业促进法”，北京也要出台“文化创意产业促进条例”，文创产业发展将进一步实现规范化和法制化。总的来说，中央和北京市委对文化体制改革和文化发展高度重视，出台的一系列重要政策文件，将推动文创产业向纵深化、融合化、国际化发展。

我感到文创产业在发展过程中要着重实现“四大转变”。

（一）实现从“做大增量”到“既做大增量、更盘活存量”的转变

从全国来讲，文创产业发展还不够平衡。对产业发展起步早、基础较好的地区，像北京、上海、深圳、杭州等地区，经过几年的发展，文创产业已有相当规模，成了当地重要的支柱产业，对这些地区来讲，要推动文化产业飞跃式发展，实现文化产业质的提升，不能再仅仅依靠做大增量。应当尽快由依靠做大增量一条腿走路，到既要做大增量，更要盘活存量两条腿走路，这样才能将当地丰富的处于沉睡状态的文化资源唤醒，这方面的资源是海量的，也是最具地域特色的。对其他地区而言，也应当循着这样一个思路。即第一个阶段，工作的着力点就是要做大增量，以形成集团优势，找到话语权，当做大增量的工作到一定程度，就要学着两条腿、多条腿走路，以实现量与质的完整统一。

（二）实现从依靠行政力量到更多发挥市场作用的转变

客观地说，我国文化产业的产业基础和市场基础是比较薄弱的，这就决定了我们在推进文化创意产业发展中，更大程度上必须通过土地、资金、人才等要素的直接投入加以扶持，特别是直接介入文化创意园区、街区等集聚区的建设与运营管理。产业及其园区发展方向、发展模式的定位乃至发展动力的来源，在很大程度上主要依赖地方政府的政策效应。从现实情况看，近些年基于这种推动模式的各地文化创意产业发展，确实实现了跨越式迈进，但人们也已注意到基于这种外在推动模式可能具有不可持续、盲目扩张发展和运行机制低效等问题。因此，一些区域特别是先行发展地区，已经在积极推进政府职能定位和政策导向的转换，进一步培育和强化市场机制及市场主体的作用，着眼于更大程度上激发市场活力和主体动力，综合运用股权投资、上市、债转股、资产证券化等市场化手段，从而逐步探索以内生动力为主的政府与市场协同驱动模式。

（三）实现从单一产业形态向融合发展的转变

随着国内外文化创意产业融合发展的实践，文化创意产业显现出更深层次的潜在功能，由此也促使人们对其融合发展方式及其功能作用认识不断深化，即文化创意产业的融合特性已经使得它不再仅仅是一种单纯的产业现象，而是一种与新时代相适应的新生发展模式。所以，我国发达地区在先行发展文化创意产业的基础上，已经在超越以往单一文化创意产业功能的认识，进一步强化创意经济时代融合发展理念，将文化创意产业发展作为地区创新驱动的重要抓手和经济发展的推进引擎，以此促进经济发展的转型升级和全面实现小康社会的战略目标。反映这一转换趋势特征的标志就是，2012 年 5—6 月，国家科技部、中宣部等多部门先后联合下发了《关于认定首批国家级文化和科技融合示范基地的通知》《国家文化科技创新工程纲要》，特别是 2014 年 3 月，国务院发布《关于推进文化创意和设计服务与相关产业融合发展的若干意见》，这些举措将进一步促进文化、艺术、创意设计、动漫影视、新媒体等文化创意产业，与旅游休闲、时尚服务、建筑装潢、工业制造、农业生产等特色经济领域的融合发展，由此带动产业升级和价值增值。

（四）实现从部门分管向机构协同的转变

文化创意产业日益显现出国民经济支柱和国家或区域软实力的重要地位，但由于文化创意产业与传统产业有很大不同，它实质上是融合性的产业经济形态，除了与文化、创意、科技等因素紧密融合外，几乎所有产业也都需要融入“创意”元素，从而“创意”生产也就成为各产业链的重要环节。在文化创意产业园区建设发展中，各地主管文化、传媒、出版等部门的党委宣传部已成为地方领导和推动文化创意产业发展的重要力量，而政府的相关行政或经济部门也“齐抓共管”。随着产业的发展和园区的成型，外延式扩张及外源式驱动的作用实效开始递减，这就需要培育形成系统协同机制激发内源性驱动的作用模式，以取代原有外源力量主导和简单叠加作用的体制机制模式。因此，根据文化创意产业的融合发展特性，我国在文化创意产业不断探索发展的进程中，先期发展的许多地方已经意识到以往传统管理体制难以适应如今创意经济时代融合发展的范式，北京、上海、杭州等地为克服原有体制的弊端，在整体的管理体制机制上积极进行创新探索，正在形成独具地方特色的管理协调体制。它们共同的特点是：都成立由地方党政主要领导负主责、相关职能管理部门各负其责的推进文化创意产业发展或协调领导小组，并下设办公室或类似机构负责承担日常统一管理协调工作。所不同的是，各地主要责任部门的任务分工及协调机制存在差异。

今天用了近两个小时的时间，和大家交流了三个方面的内容。很多是个人的认识和体会，不足的地方请大家批评指正。最后，希望大家珍惜这次培训机会，塌下心来，认真学习，深入思考，学以致用，为文创产业的发展做出应有的贡献！

在2015北京市文化创意产业高级人才研修班（一期）开班仪式上的讲话

市文资办主任　周茂非

（2015年9月21日）

各位学员：

大家上午好！今天，由市文资办举办的"北京市文化创意产业高级人才研修班"在这里正式开班。我谨代表市文资办向参加培训的各位企业家朋友、区县文创部门负责人表示热烈欢迎！向承办此次研修班的北京市新闻出版干部培训学校表示感谢！

文化创意产业是北京市国民经济支柱性产业，近年来，北京按照中央决策部署，充分发挥全国文化中心作用和优势，始终坚持社会主义先进文化前进方向，始终把社会效益放在首位，不断推出体现社会主义核心价值体系的文化产品和文化服务，不断满足人民群众多元化精神文化需求，持续推动文化创意产业健康快速发展。人才是文化创意产业的创造者、经营者与发展繁荣的第一推动力，随着北京文化产业的大发展，市场中优秀文化人才不断涌现，但体制藩篱依然存在，国有体制内单位多为文化事业，转企改制时间短，人才市场化程度不高；民营企业市场人才储备不足，特别缺乏高端原创人才、管理人才、营销人才等，文创人才结构性短缺问题依然存在。为此，我们通过举办文化创意产业高级人才研修班、建设文创人才基地等举措为领军人才发展创造好的环境、好的氛围。

这一期北京市文化创意产业高级人才研修班，邀请政产学研各界专家，通过课程讲授、案例分析和实地考察相结合的方式，为各位解读当前文化创意产业发展的指导思路和主要政策，分析产业发展的现状和特点，把握产业未来前进的方向趋势。在座的各位，既有主管各区县文创产业促进工作的政府官员，也有来自文创产业各行业一线的企业精英，希望高研班这个平台，一方面能够为你们提供最为权威的政策解读、产业分析、趋势预测，一方面能够让大家在最短的时间内成为朋友，在政府和企业、协会和企业、企业和企业间搭建一座有效沟通的桥梁，相互交流，共同发展。

市文资办高度重视此次培训的各项准备工作，将尽力提供完善的教学保障，与大家一起努力把本期研修班继续办成文化创意产业培训的示范班、模范班，确保达到预期的效果。借此机会，我也想结合班次的实际情况，对办好本次研修班提出三点希望。

一是集中精力参加学习。大家都是各自工作战线上的骨干和精英，日常工作都十分繁忙。我们之所以选择采取集中脱产培训的方式，就是希望大家能够聚精会神地读书思考，心无旁骛地学习研究，努力学的更多一些、想得更深一些，使自己的理论素养和工作能力在短期内有较大的提高。

二是注重理论联系实际。虽然此次培训仅有一周的时间，但是希望大家能够做到学有所思、学有所悟、学有所得，把理论学习和实践、研讨有机结合，紧紧围绕首都文化创意产业发展的重大理论问题和现实问题，认真研讨，深入研究，努力把学习成果转化为促进产业发展的坚强意志、创新产业管理的正确思路、推动产业升级的实际能力。

三是严于律己，遵章守纪。每一位同志无论在单位担任什么职务，到了班上都是一名普通学员，希望大家能够以身作则，严于律己，遵守班纪班规，严格按照教学安排开展学习和研讨；也希望班委和各小组切实发挥作用，做好学员的自我管理和监督工作。同时，大家在学习期间对教学组织和后勤保障工作有什么意见和建议，也可以随时与工作人员沟通联系，以便我们改进工作，给大家提供更好的服务。

需要说明一点的是，虽然文资办尽可能为本次研修班提供完善的服务保障，但是由于财政规定严格、学员人数较多、住宿条件有限，因此用餐和住宿的规格可能比不上大家以往参加的会议、接受的培训，由此给大家带来的生活和学习上的不便，希望大家能够体谅和克服。此外，郊区天气较凉，大家要多穿点儿衣服，注意保暖。在进行户外活动的时候，一定要注意安全。

最后祝愿大家学习进步，工作顺利，也预祝此次研修班取得圆满成功！谢谢大家！

在第二十届澳门国际贸易投资展览会（MIF）开幕式上的讲话

市文资办主任　周茂非

（2015 年 10 月 23 日）

尊敬的各位来宾，女士们、先生们、朋友们：

大家上午好！

非常高兴与各位相聚金秋澳门。北京文化创意产业经过连续十多年的快速发展，已成为首都经济社会的重要支柱产业和新的经济增长点。从产业数据和发展态势来看，2004 至 2014 这 10 年间，产业年均复合增长率达到 16.3%。2014 年，实现增加值 2794.3 亿元，占地区生产总值比重达到 13.1%，创历史新高；规模以上法人单位资产总计 15,649.9 亿元，实现收入 11,029 亿元，从业人员 109.7 万人。今年 1—7 月，规模以上法人单位实现收入 5682.2 亿元，同比增长 6.2%。在整体经济增速换挡的形势下，北京文创产业逆势上扬，表现出了较强的抗衰性。

作为全国文化中心，北京有国内最繁荣的演出市场和演艺中心，年均演出近 3 万场，观众超过千万人次。这里汇集了国内 40% 的书刊出版单位，著作版权登记数约占全国 50%；电视剧产量全国第一，电影票房收入连续 4 年稳居全国首位；动漫网游产业年产值约占全国 1/3；文物艺术品交易总量约占全国 80% 以上；设计产业收入超过千亿元。巨大的文化消费市场、繁荣的文化贸易、门类齐全的文化产业体系，以及举足轻重的文化影响力，使北京文创产业具有巨大的发展空间与投资潜力。

借此机会，我着重介绍一下北京文创产业功能区规划建设的相关情况，以及京澳两地开展合作的基础条件和良好契机。

一、北京文创产业功能区战略部署是强化首都核心功能的重要顶层设计

经济发展进入新常态后，文化创意产业的地位作用日益显现。习近平总书记视察北京后，确定了北京的总体战略定位，进一步明确了发展文创产业对于强化首都“四个中心”核心功能的重要作用。因为从一定意义上讲，产业结构调整，有退有进。有序疏解非首都核心功能的同时，必须同步强化首都的核心功能。文化创意产业就是符合首都城市功能定位，需要着力做强做优做大的重要产业。

“十三五”时期，北京文创产业将迎来新的重要战略机遇期，但也必须主动适应经

济发展新常态，努力突破以往发展不集约、特色不鲜明、同质竞争严重等问题。一方面要更加注重文创产业和其他产业的融合发展，实现不同产业门类的融合与渗透；另一方面要突破行政区划壁垒的限制，促进地区间文创产业的融合发展。

在此背景下，为有效整合全市文创产业资源，提升资源使用效率，突出首都产业特色，进一步提升首都文化创意产业发展规模化、集约化和专业化水平，北京市委市政府做出了规划和建设北京文化创意产业功能区的重要战略部署。2014 年 5 月，市政府正式发布了《北京市文化创意产业功能区建设发展规划（2014—2020 年）》和《北京市文化创意产业提升规划（2014—2020 年）》。

规划明确提出，要在市级文化创意产业集聚区和国家级产业基地、园区的发展基础上，规划建设 20 个文化创意产业功能区，将过去发展园区经济转变为发展区域经济，进一步引导区（县）特色、错位发展，加快促进要素集聚与产业链分工协作，使功能区成为带动产业转型的示范、服务首都居民的窗口、展示人文北京的舞台、建设宜居城市的样板。北京文化创意产业功能区规划面积 441.56 平方公里，到 2020 年，功能区要力争创造全市 80% 以上的文创产业收入；到 2020 年，北京文创产业增加值占地区生产总值比重要达到 15% 以上。

二、文创产业功能区的规划建设，使北京地区产业结构、空间布局更加优化

《北京市文化创意产业功能区建设发展规划（2017—2020）》是全国第一个省级文创产业空间布局规划，按照土地集约、产业集聚、功能集中的原则，根据各区（县）功能定位、资源禀赋及现有产业发展基础，提出了构建“一核、一带、两轴、多中心”的产业发展空间格局。

“一核”：中心城文化核。依托首都核心功能区的历史文化和金融、总部资源，发挥产业集聚融合的空间带动能力，着力扩大北京文化、中华文明的影响力和辐射力。

“一带”：文化科技融合带。这是北京文化和科技产业最丰富的集中带，也是落实文化科技“双轮驱动”战略的主阵地。

“两轴”：东西延伸的“北京文化创造产业轴”和南北延伸的“北京文化服务产业轴”。东西轴是创造文化创意产品的主要轴线，南北轴是服务市民文化娱乐消费及相关产业转型升级的主要轴线。

“多中心”：它是以功能区和分片区为中心，辐射带动周边区域文创产业整体发展和文化内涵提升的重要节点。

在“一核、一带、两轴、多中心”的布局架构下，我们突破传统行政区划的藩篱，以产业功能集聚作为范围界定、政策施力的依据，着力打造“两条主线带动、七大板块支撑”的产业支撑体系，使 20 个功能区主

导产业各有侧重、各具特色，实现对全市文创产业差异化、特色化、集群化发展的统筹布局。

两条主线：以文化科技融合、文化金融融合两大主线贯穿北京文创功能区建设发展各环节，并重点规划建设了文化科技融合示范、动漫网游及数字内容和文化金融融合三个功能区。

七大板块：结合全市文创产业发展重点，规划了文化艺术、传媒影视、出版发行、设计服务、文化交易、会展活动、文化休闲等7个功能区板块。这七大板块，包纳了17个功能区。

比如，在传媒影视这个板块，有3个功能区，分别是CBD-定福庄国际传媒产业走廊、影视产业和新媒体产业功能区。其中，CBD-定福庄国际传媒产业走廊功能区，是文化部批复设立的唯一一个国家文化产业创新实验区，也是国内首个年产值超千亿元的传媒类文化创意产业功能区。区内有人民日报、中央电视台等200家国内传媒巨头，有阿里巴巴、酷6等上百家互联网新兴媒体企业，还有国家广告产业园、莱锦创意产业园等10余个知名文创产业园区。

再比如，天竺文化保税功能区，是文化部批复设立的国家对外文化贸易基地，将建设集展示交易、企业集聚、仓储物流于一体的国际文化贸易服务中心，规划建筑面积45万平方米，为国际国内文化生产、传输、贸易机构提供专属保税服务，未来将成为京津冀地区乃至全国对外文化贸易口岸。

基于功能区空间发展格局，我们在提升北京文创产业方面，提出了一个富有首都特色的“3+3+X”产业发展体系：第一个“3”指的是文化艺术、广播影视、新闻出版这三大传统行业；第二个“3”指的是广告会展、艺术品交易、设计服务这三大优势行业；“X”指的是推动文化与科技、金融深度融合，加快推进文化与旅游、体育、商务、农业、制造业等行业的双向融合，促进产业形态创新，培育产业新的增长点。

三、北京文创功能区将成为京澳两地务实合作的重要平台

规划建设的20个北京文创产业功能区，可以说，是北京文创产业资源最集中、潜力最巨大、前景最广阔的区域。根据全国第三次经济普查的数据计算，功能区以仅占市域2.6%的面积，承载了全市50.8%的文创企业、68.5%的文创资产和67.3%的文创收入。这是北京文创产业升级发展新的引擎，将为京澳两地合作发展带来新的契机。京澳两地可以充分利用这一重要载体和平台，加快构建文创产业合作的新格局。

（一）文创功能区实施重大项目带动战略

目前，各功能区正着力推进一批符合首都功能定位、科技含量高、带动力强的重大文化产业项目。比如，环球影城、CBD国际

传媒走廊（国家文化产业创新实验区）、通州文化大数据产业园、中国影都、北京基金小镇、宋庄艺术小镇等项目。其中，环球影城项目占地400公顷，将世界先进的主题公园设计理念和游乐技术与中国文化元素相融合。京澳两地可以在文化与科技、旅游、体育、金融、休闲等相关产业项目的合作发展、融合发展上，加强沟通与协作。

（二）文创功能区内已具有完善的投融资体系

北京文化投融资服务体系日趋完善，已经建立起“投、保、贷、孵、融、交”多支点、全方位的服务架构，构建了以市文化投资集团为平台，以文化小额贷款、融资担保、融资租赁、文化产业基金为支撑的首都文化投融资体系，提供全方位的文化金融服务，为京澳两地文创企业合作、资本对接提供有效渠道。

（三）文创功能区将提供“共性+个性”的政策保障体系

在文创功能区内，结合首都文创产业发展特点和产业门类，制定差异化的功能区政策保障体系。共性政策适用于所有功能区，包括资金、土地、财税、人才等；个性政策则根据各功能区产业定位和发展内涵，提供一些必要的个性化政策服务和保障，形成一系列较为完善和完备的政策支撑。

（四）文创功能区将成为两地进一步加强协作的重要渠道

未来，依托北京文创功能区规划建设和重点项目协作，将研究开拓更多的沟通渠道与更丰富的沟通形式，进一步加强京澳两地在文创产业资金、技术、管理、人才等方面的双向流动，谋求两地文创产业互利共赢。

北京与澳门都具有深厚的历史文化底蕴，京澳两地政府都将文创产业发展作为城市发展的新动力、新引擎。“千川汇海阔，风好正扬帆”，在两地政府的大力推动下，京澳文创产业合作将是多方面、全方位、深层次的。我们衷心希望并诚挚邀请澳门的商协会、文创企业参与文创功能区建设，与我们携手推动两地文创产业共同发展。

谢谢大家！

在中国光大银行北京文创园小微支行开业仪式上的致辞

市文资办副主任　龙晓雯

（2015 年 10 月 28 日）

尊敬的邱火发行长，尊敬的张淼董事长，各位领导，各位来宾，女士们，先生们：

大家上午好！今天，我们在这里隆重举行中国光大银行北京文创园小微支行开业仪式，这是首都文创产业发展的一件大喜事，标志着首都文化金融合作又迈出了实质性的一步。在此，我代表市文资办向光大银行北京文创园小微支行的开业表示热烈的祝贺！向长期关心支持首都文创产业发展的各界朋友表示衷心的感谢！

金融是文创产业发展的血液。只有打通金融流向文化肌体的血脉，才能使文创产业得到源源不断的滋养，才能推动文化创意产业不断焕发生机、活力，使其保持昂阳向上的动力。市文资办成立以来，在促进文化金融融合发展上，积极探索，不懈努力，做了一些有益的探索，取得了初步成效。一方面，在全国率先搭建了文化投融资服务体系，成立了文投集团、文创基金公司、统贷平台、文化科技担保公司、小贷公司、文化创新工场、融资租赁公司和文化置业公司，吸引、集聚和储备了一批具有良好发展前景的企业和项目。其中，北京文化创新工场不断完善文化企业“生活物业、资本对接、企管要素、政策法律、网络营销”服务，形成管家式全要素服务体系。目前，车公庄示范园区入驻企业达到 46 家，包括遨游网、柠檬微趣、中视互动等一批成长性高、发展潜力足的优质文化企业。我们还与北京住总集团、经济日报社、相关区县政府达成合作意向，努力构建“一园多点、覆盖全市”的众创空间格局。

此外，深化政银企合作，我办陆续与 12 家银行签订战略合作协议，为小微文化企业提供一揽子金融服务。其中，与文化部、人行营管部共同推动建设国家文化金融创新试验区，促进文化金融创新集聚；获得北京银行 800 亿元授信，与其联合推出“文创信保贷”，创新文化金融产品与服务；与广发银行、上海银行等积极洽商，打通文化企业上市融资渠道。

中国光大银行是市文资办最重要的合作伙伴之一。多年来，其凭借丰厚资源和良好专业素养，为首都文创产业发展提供巨大支持。去年，我办与光大银行北京分行签署战略协议，加大文化金融创新力度，为首都文化企业提供信贷、债券、信托、基金、保险等多种工具相融合的金融订制服务。今年7月，文投集团与光大证券合作设立北京文资光大文创产业基金，总规模为300亿元，专门支持京津冀文化金融一体化发展。

今天，中国光大银行文创园小微支行在北京文化创新工场车公庄核心示范园区正式开业，针对园区企业的融资需求，积极创新，综合施力，推出了集融资、结算、理财、电子银行、个人金融等于一体的专属金融服务，这不仅是全面落实市文资办与中国光大银行合作协议的重要举措，也是深化银企对接，促进大众创业、万众创新的重要举措。我们将携手努力，综合利用，把金融文创两个优势资源建好、管好、用好、用足，不断创新、提高、超越，为首都文创产业跨越发展提供更加坚强有力的支持。

“不积跬步，无以至千里；不积小流，无以成江海。”希望我们迈出的一小步能带动首都文化金融合作向前迈出更大一步！

谢谢大家！

在北京市国有文化资产监管工作动员部署会议上的讲话

市文资办主任　周茂非

（2015 年 11 月 4 日）

同志们：

下面，我讲两点意见。

一、深刻领会李伟同志讲话精神内涵

完善国有文化资产监管体制机制，既是深化国有企业改革的重要组成部分，又是推动首都文化大发展大繁荣的客观要求。近来，党中央发布了《深化国有企业改革的指导意见》《推动国有文化企业把社会效益放在首位实现两个效益统一的指导意见》等系列文件，对完善国有文化资产监管体制机制提出新的要求。下面，就深入学习领会和严格落实李伟同志讲话精神，我再强调几点。

李伟部长的讲话紧扣中央精神，立足首都文化体制改革的重点领域和关键环节，明确阐述了国有文化资产监管体制机制“是什么、怎么干”的问题，并做出工作部署。

首先，李伟同志要求，全市宣传思想文化系统要充分认识完善国有文化资产监管的重要意义。他着重强调了中央要求的新变化，即由“管企业”向“管资本”转变，要以管资本为主推进国有资产监管机构职能转变，改革国有资本授权经营体制，推动国有资本优化配置。要把强化资产监管作为重要保障，细化完善资产监管运营机制和评价考核机制，为推动国有文化企业把社会效益放在首位，实现“两效”相统一奠定坚实基础。

其次，李伟同志对相关主体职责做了进一步定位。他强调，中央“两个效益”相统一的文件要求，要探索建立党委和政府监管有机结合、宣传部门有效主导的管理模式。完善宣传部门有效管理体制和工作机制，明确了市委宣传部和市文资办的职责定位。他指出，全市要贯彻落实“两个效益”相统一的文件精神，进一步明晰各方职责，完善在市文化改革和发展领导小组领导下的国有文化资产监管体制，最终形成由市文化改革和发展领导小组统筹决策，市文资办主要负责，各成员单位合力推进的资产监管体制。

市委宣传部要履行市文化改革和发展领导小组办公室职责，做好顶层设计，抓规划、抓政策、抓班子、抓大事、抓导向，为国有文化企业改革发展制定任务书，编好路线图。

市文资办要履行国有文化资产监管职

责，做好执行，抓制度、抓规范、抓考核、抓监督，为国有文化资产投资运营守好边界、立好规矩。

各成员单位要加强配合，文化、新闻出版广电、文物等部门要履行行业管理职责，确保所属单位文化资产安全完整，确保业务指导和行业监管落实到位。

在此基础上，李伟同志进一步要求，市文资办要聚焦文化企业，积极作为，主动担当，从四个方面承担起国资监管职责。在制度建设方面，要在完善制度体系上下功夫，在提升制度效益上做文章。在企业发展方面，要在优化资本布局上多思考，在资产保值增值上多作为。在绩效考核方面，要在指标设计上想办法，在薪酬管理上出思路。在资产监管方面，要在重大事项上严把关，在报审程序上立规矩。

李伟同志还要求监管企业要肩负主体职责。一是坚持把社会效益放在首位，正确处理意识形态属性与产业属性、文化企业特点和现代企业制度的关系。二是做好分类改革。三是强化改革创新。四是健全干部人才管理制度，企业总部重要部分的负责人和重要二级企业领导人员的任免，要按规定报市委宣传部审批或备案。五是加强党的建设，各企业党组要在建立“两效”统一的体制机制中，承担领导职责，落实党管意识形态原则，切实加强企业党风廉政建设。

最后，围绕健全国有文化资产监管体制，李伟同志强调要处理好“四个关系”。

一是变与不变的关系。这次划转后，党的关系归口市委宣传部不变，干部管理权属不变，导向管理要求不变。变化主要体现在资产监管上，原来市财政局代行出资人职责，市国资委负责产权管理，现在统一由市文资办负责。涉及资产变动事项，需要市文资办先行审核把关，做好登记备案，出具证明文件。

二是部分与全局的关系。市文资办今后制定的监管制度，有的会适用于全部市属文化企业，有的会专门针对所监管单位，有的会要求监管范围外的企业参照执行。要根据不同情况，明确适用范围和对象，还要牵头建立统一的资产统计监测体系，定期汇总数据，形成分析报告。

三是学习与创新的关系。要虚心向市国资委、市财政局学习借鉴，研究创新。

四是规范与效率的关系。既要当好国有文化资产监管的“管家”，又要做好服务企业发展的“公仆”。

同志们，李伟同志讲话秉承中央精神，立足首都文化改革的生动实践，阐明了北京市国有文化资产监管体制上的设计思路、部门职责、运转机制和方式方法，是指导我们今后工作的行动纲领和基本规范。我们要认真学习，细心琢磨，深刻领会，牢牢把握。

一是确立了国有文化资产监管体制机制的新要求。“探索建立党委和政府监管有机结合、宣传部门有效主导的管理模式，完善宣传部门有效监管的管理体制和工作机制。”

这是党中央第一次以文件形式明确国有文化资产监管体制要求，是政治纪律和政治规矩。

二是北京深化文化体制改革迎来了新契机。监管范围确定，意味着国有文化资产监管从谋篇布局步入实操阶段，国有文化资产监管正式进入了一个新时期。中央确立国有企业改革“1+X”体系，密集出台系列文件，为深化改革、健全国有文化资产监管机制注入新动力。中央的要求是我们推进工作的重要基准，务必要持续关注，抓好落实。

三是全面履职入位孕育着新挑战。市文资办成立以来，国务院、市委市政府、社会各界给予了很高期待。确定监管范围，意味着我们在这一领域所做的探索，转化成为生动实践。能否完成组织赋予的神圣使命，走出一条属于自己的道路，关系到我办事业。

二、贯彻落实李伟同志讲话精神，求真务实，扎实推动国有文化资产监管向纵深迈进

建立国有文化资产监管体制，是深化文化体制改革的一项重大成果。按照中央要求，北京市一直在积极探索符合首都特点的国有文化资产监管体制，积累了宝贵经验。监管范围确定后，我们马上就要投入到资产监管的各项工作中去。要以李伟同志讲话精神为指导，紧密结合国有文化企业发展实际。对此，我提三点要求。

一要扎实稳妥。这是监管工作的根本要求。监管国有文化资产，环节多，极具复杂性，容不得半点闪失。要稳字当头、戒骄戒躁、反复推敲、循序渐进。李伟同志一再强调，“要稳妥推进、扎实推进、坚持改革速度服从质量”，可见扎实稳妥在改革中是多么重要！

扎实稳妥要体现在严守政治纪律和政治规矩上。要恪守市文化改革和发展领导小组确定的监管规则，对改革中涉及的重大事项、拿不准的具体问题，及时请示汇报，向市委宣传部及时报批，任何决策部署都必须站得稳、拿得准、立得住。

扎实稳妥要体现在搭建稳定的工作框架上。要聚焦体制机制，加强对重点资源、重点环节、重大事项的梳理和监督，明确报批事项和程序。当前，要尽快研究出台《北京市关于推进国有文化资产监管的实施意见》，将其作为推动工作开展的纲领性文件，构建监管规则和工作程序。

扎实稳妥还要体现在对工作节奏的把握上。印发实施国有文化资产“重大事项”“产权管理”“绩效薪酬”等各项监管制度，是我们履职的重要手段。要多方征求意见，确保各项制度措施科学合理，经得起时间和实践的检验。

二要深入细致。这是监管工作的基本原则。

首先，学习钻研要深入细致。要深入学习中央关于国企改革的“1+X”系列文件，找准中央要求在北京的落脚点；要加强与市国资、财政部门的沟通，建立会商机制，借鉴吸收，为国有文化资产保值增值奠定基础。

其次，思考问题要深入细致。既要深入观察，充分认知，又要树立系统思维，综合研判。比如，优化设计监管制度，要妥善处理共性和个性的关系，既体现国企共性要求，又凸显文化企业个性需求。

最后，操作执行要深入细致。深入调研摸底每家企业，做到情况清、底数明、数据准、动态知。同时，还要细致入微地开展工作。比如：实施监管制度，细心收集企业反馈数据信息，及时调整工作方向和方式；在筹组监事会、董事会的过程中，悉心听取相关部门意见，与拟任监事、董事座谈，掌握第一手资料，有效推动工作。

三要着力服务。这是监管工作的必要保障。去年，李伟同志来我办调研时，要求我们“不做衙门做平台，不做官僚做公仆，不求小利求大义”。为贯彻领导要求，我们在全体干部职工中深入开展了“要笑脸不要冷面，要感恩不要抱怨，要担当不要推诿”的“三要三不要”主题教育活动。李伟同志再次强调这一要求，希望我们持续转作风、树新风、强履职、强服务。这是我们今后工作的总要求。

要通过服务，加速构建和谐的监管生态。国有文化企业划归我们监管，市委市政府的初衷是为了提高国有资产运营效率，不能因为监管部门调整而增加企业审批成本。在具体工作中，我们决不能做老爷、开衙门，待人趾高气扬，遇事指手画脚。要坚持“寓监管于服务，以服务促监管”的工作理念，设身处地为企业着想，对企业在思想上给予关怀，在工作上给予指导，在发展上给予支持，让企业享有更大的获得感。

要通过服务，积极构建多层次、多维度的监管格局。国有文化资产监管是一项复杂工程，单凭市文资办难以实现有效监管。要以服务为突破口，整合党委、政府、市场等多种资源，形成工作合力。要认真贯彻市文化改革和发展领导小组办公室的部署要求，做好服务；要以服务赢得各成员单位的认同和支持，努力营造开放监管、协调监管的良好氛围；直接面向监管企业的处室，要加强协作，互相补台；其他处室，当好预备队和后援团，尽最大努力给予支持。

同志们，在新的历史起点上，希望大家切实增强国有文化企业改革发展的责任感和使命感，准确把握文化改革发展的形势和任务，以求真务实、锐意创新的精神，不断开创国有文化资产监管的新局面。

在北京市国有文化资产监督管理工作会议上的讲话

市文资办主任　周茂非

（2015 年 11 月 16 日）

同志们：

今天我们召开国有文化资产监管工作会，会议很重要，很有意义。监管范围确定，意味着北京市国有文化资产监管工作从谋篇布局转入实践阶段，标志着国有文化资产监管进入了一个新时期。今后，市文资办及监管企业将共同踏上新的历史征程，在更高起点上追求新跨越，创造新辉煌。因此，这次会议不仅仅是程序确认上的见面会，更是履职入位、创新发展上的战友会、交心会、鼓劲会。

刚才，市文资办副巡视员杨永安同志宣读了《北京市人民政府关于北京市国有文化资产监督管理办公室监管范围的通知》，市文资办副主任刘绍坚同志对北京市国有文化企（事）业单位监管制度体系做了说明，7 家监管企业主要负责人做了主题发言，阐明了态度。下面，结合近期对国有文化资产监管工作的学习和思考，我讲两点意见。

一、认清形势，深刻领会，牢牢把握改革大势和上级要求

（一）加强和改进国有文化资产监管是大势所趋

国有文化企业是发展文化产业、建设社会主义先进文化的重要力量，在我国文化领域和人民群众心中居于特殊重要地位。随着我国经济社会改革创新力度和速度不断提升，国有文化企业还不太适应，尚未完全融入这一趋势。一些体制机制藩篱和思想桎梏仍然制约国有文化企业效益的发挥。国有文化企业发展还存在巨大空间，国有文化资产的市场控制力、影响力有待于进一步提升。

对此，中央高度重视，意识到加强和改进国有文化资产监管不可回避，刻不容缓，决定把创新文化管理体制机制作为深化文化体制改革的重中之重。党的十七届六中全会强调，要“完善管人管事管资产管导向相结合的国有文化资产管理体制”。中国共产党第十八次全国代表大会强调，要“加快完善文化管理体制和文化生产经营机制，健全国有文化资产管理体制，形成有利于创新创造的文化发展环境”。党的十八届三中全会强

调，要“按照政企分开、政事分开原则，推动政府部门由办文化向管文化转变，推动党政部门与其所属的文化企事业单位进一步理顺关系。建立党委和政府监管国有文化资产的管理机构，实行管人管事管资产管导向相统一”。党的十八届五中全会进一步强调，要“深化国有企业改革，增强国有经济活力、控制力、影响力、抗风险能力。分类推进国有企业改革，完善现代企业制度。完善各类国有资产管理体制，以管资本为主加强国有资产监管，防止国有资产流失”。

为增强改革的操作性，中央成立了深化文化体制改革和发展工作领导小组，陆续出台了国有企业改革的“1+X”系列文件，这充分体现了中央深化改革的决心和勇气。从近期出台的《深化国有企业改革的指导意见》《推动国有文化企业把社会效益放在首位　实现两个效益统一的指导意见》等系列文件看，中央对国有文化资产监管提出了新要求，即：探索建立党委和政府监管有机结合、宣传部门有效主导的管理模式，完善宣传部门有效监管的管理体制和工作机制。这是中央第一次以文件形式，明确国有文化资产监管的体制机制要求，也进一步明确了深化改革发展的总体思路和基本路径。

（二）创新国有文化资产监管体制机制，北京要发挥示范引领作用

北京是全国文化中心，在深化文化改革、创新国有文化资产监管体制机制的进程中，被中央和社会各界寄予厚望。

2011 年 9 月，时任中共中央政治局常委的李长春同志来京调研时指出，北京要进一步加快文化建设步伐，在文化体制机制创新、文化行政管理创新等 10 个方面发挥示范带动作用。长春同志强调，要探索把政府职能从管微观转向管宏观，探索管人、管事、管市场、管导向相结合的文化市场监管机构，建立综合的行政主体，加强市场管理，确保文化安全。十七届六中全会结束后，刘云山同志来京调研，再次要求北京“继续先行先试、大胆探索，在完善国有文化资产管理体制和文化体制改革保障机制等方面，为全国创造经验”。

在这一背景下，北京开始加快文化体制改革发展进程。刘淇同志指出，北京要成立国有文化资产监督管理委员会，“对国有文化资产进行统一管理，整合全市文化资源，达到中关村科技资源整合那样的水平，使北京科技创新和文化创新两个轮子都转起来”。郭金龙同志指出，“成立文资委是北京贯彻落实党的十七届六中全会精神和中央领导要求的结果，应运而生，生逢其时。文化这一块不是没人管，有人管，但管得没有形，不够专业，成立文资委后，要管得更有形、更集中、更专业”。

为加速改革进程，2011 年 12 月，市委发布《中共北京市委关于发挥文化中心作用加快建设中国特色社会主义先进文化之都的意见》（以下简称《意见》），《意见》明确指出："创新文化管理体制。按照管人管事管资产管导向相结合的要求，组建国有文化资产监督管理机构，统筹规划和实施文化改革发展相关工作，负责文化投资、资本运作、国有文化企事业单位资产管理及文化创意产业园区、重大文化项目、重点文化工程的规划立项和组织实施。建立健全党委领导、政府管理、行业自律、社会监督、企事业单位依法运营的文化管理体制和富有活力的文化产品生产经营机制。"

经中央编办批准，北京市在"三定方案"中明确了市文资办的职能定位，为"市政府授权负责授权范围内国有文化资产监管的市政府直属机构"，主要职责是"根据市政府授权，依照相关法律、法规履行市属文化企业和实行企业化管理文化事业单位出资人职责"。从这个意义上讲，履行国有文化资产监管职能，是法律赋予市文资办义不容辞的责任，是组织托付的神圣使命。

对于北京创新国有文化资产监管体制的做法，中央和社会各界始终高度关注。2013年6月，刘云山同志再次来京调研时指出，"北京去年成立了国有文化资产监督管理办公室，希望你们继续探索，创造经验"。陕西、山东、广东、海南、安徽等20余个省市地区来办调研，学习经验，并把经验转化为当地国有文化资产监管体制机制创新的生动实践，这不仅显示出新机制的示范作用和生命力，也在客观上对深化监管体制寄托了新的期待。

（三）加强国有文化资产监管对于国有文化企业健康发展大有裨益

加强国有文化资产监管，根本目的是摆脱体制机制对企业的束缚，帮助企业建立现代企业制度，完善法人治理结构，释放文化资产活力，提升企业经营效率。这次纳入监管范围的8家企业，都是北京的文化品牌，在首都乃至全国文化市场中都有响当当的名头，都为满足人民群众的精神文化需求做过重要贡献。我简单梳理了一下，有四个明显特征。

一是龙头效应显现。2014年，8家企业总资产超过200亿元，占全市宣传文化系统国有文化企业总资产的半壁江山，所有者权益和利润总额也占据相当比重。以资本为纽带，参股控股的文化创意企业超过100家，在各自领域形成了较有规模的企业集群，释放了引领带动效能，表现出强劲的支撑能力。你们是我市国有文化企业中的主力军，在国有文化企业乃至业界具有重要地位和影响。

二是结构较为完善。从外部看，8家企业的业务覆盖新闻、出版、演艺、影视、投融资、创意、文化贸易等领域，形成了梯次配置、相互支撑、协同共享的产业结构。从内部看，经过不断改革，8家企业普遍建立了以公有制经济为主体，多种所有制经济共同发展的结构，既坚持国有企业在文化市场中的主体地位，又有助于发挥非公企业灵活、高效的机制特点。

三是资产布局广泛。8家企业积极抢占

产业制高点，布局产业链的重点领域和关键环节，业务体系丰富。比如，市文投集团布局文化金融产业链，构建起“投、融、担、贷、孵”环环相扣的首都文化投融资体系。再如，京广传媒集团拓展广告、互联网、产业加速器、电视剧制作等业务，构建“大传媒”发展格局。文创国际集团依据市场环境，主动求变，调整业务重心，推出了一批脍炙人口的影视精品。

四是发展业绩斐然。刚才说的企业都是文化新锐，还有一批老牌文化国企在首都乃至全国文化建设中留下了浓墨重彩，特别值得我们尊敬。比如，京演集团连续 3 年入围“全国文化企业 30 强”，子企业中国杂技团拥有 50 多年历史，多次在国内外大赛中为国争光。比如，京版集团的出版物获奖率达到 25%，子企业京版北教是全国首家登陆“新三板”的国有出版企业。比如，发行集团深耕发行渠道，新华书店蜚声中外，中国书店在古籍修复拍卖领域领先全国。京华时报和新京报也是新闻领域的佼佼者，多次被评为“最具价值潜力”“最受欢迎”的报纸。

成绩不容抹杀。但我们还应有更高的标准、更大的胸怀。坐拥如此优质的文化资源，丰富的市场渠道，强大的资金配比，我们可不可以做得更好，可不可以像时代华纳、新闻集团那样，成为全球文化企业霸主？为什么不能拍出《泰囧》《夏洛特烦恼》那样既叫好又卖座的影视精品？为什么不能创建贝塔斯曼那样的出版帝国？恐怕还有一些体制机制的问题、思想状态的问题、利益分割的问题。如果这些问题得不到根治，往大说，影响文化发展和文化安全；往小了说，影响企业和职工的切身利益。因此，成立市文资办，完善国有文化资产监管机制，不是给企业套枷锁，而是帮助大家更好地利用手中的优势资源，实现跨越发展。

（四）认真落实市委市政府要求，实施国有文化资产监管制度，要讲政治

制度确定下来，必须要实施。前不久，在全市明确市文资办监管范围工作部署会上，李伟同志系统阐明了北京国有文化资产监管应遵循什么样的机制、履行什么样的职责，并反复强调要恪守政治纪律和政治规矩。

李伟同志要求，全市宣传文化系统要充分认识完善国有文化资产监管体制的重要意义。他着重强调了中央关于国资监管的新要求，即由“管企业”向“管资本”转变，以管资本为主推进国有资产监管机构职能改变，改革国有资本授权经营体制，推动国有资本合理流动优化配置。要把强化资产监管作为重要保障，细化完善资产监管运营机制和评价考核机制，为推动国有文化企业把社会效益放在首位，实现“两效”相统一奠定坚实基础。

对于如何履行监管，李伟同志对相关主体职责做了进一步定位。他指出，全市要贯彻落实两个效益相统一的文件精神，进一步明晰各方职责，完善市文化改革和发展领导小组领导下的国有文化资产监管体制，要最终形成由文化改革和发展领导小组统筹决策，市文资办推动落实，成员单位形成合力的资产监管体制。

市委宣传部要履行市文化改革和发展领导小组办公室职责，做好顶层设计，抓规划、抓政策、抓班子、抓大事、抓导向，为国有文化企业改革发展制定任务书，编好路线图。

市文资办要履行国有文化资产监管职责，做好执行，抓制度、抓规范、抓考核、抓监督、为国有文化资产投资运营守好边界、立好规矩。聚焦文化企业，积极作为，主动担当，主要从四个方面承担国资监管职责。一是在制度建设方面，要在完善制度体系上下功夫，在提升制度效益上做文章。二是在企业发展方面，要在优化资本布局上多思考，在资产保值增值上多作为。三是绩效考核方面，要在指标设计上想办法，在薪酬管理上出思路。四是资产监督方面，要在重大事项上严把关，在报审程序上立规矩。

文化企业要担负起发展主体职责。一是坚持把社会效益放在首位，正确处理意识形态属性与产业属性、文化企业特点和现代企业制度的关系。二是做好分类改革。三是强化改革创新意识。四是健全干部人才管理制度，企业总部重要部分负责人和重要二级企业领导人员的任免，按规定报市委宣传部审批或备案。五是加强党的建设，各企业党组要在建立“两个效益”相统一体制机制中，承担领导职责，落实党管意识形态原则，切实加强企业党风廉政建设。

各成员单位要加强协调配合，文化、新闻出版广电、文物等部门要履行行业管理职责，确保所属单位国有文化资产安全完整，确保业务指导和行业监管落实到位。

为了更好地履职，围绕健全国有文化资产监管体制，李伟同志要求处理好“四个关系”。一是变与不变的关系。二是部分与全局的关系。三是学习与创新的关系。四是规范与效率的关系。

对于李伟同志讲话的精神实质和内涵要求，我们已经召开了机关全体会议，对其原原本本地进行了传达学习，还印发了文件。目前，市文资办领导干部思想认识到位，作风持续转变，逐步做好为监管企业服务的准备。贯彻中央精神和领导要求，实施监管制度，这是政治纪律和政治规矩，更体现我们的政治意识和职业操守。

二、端正态度，扎实履职，积极构建和谐的国有文化资产监管新生态

尽管国有文化资产监管制度是个新事物，但市文资办与监管企业在利益目标上是一致的，我们是一家人，是一个战壕的战友，应该基于探索精神、深厚感情、合作态度，共同做好国有文化资产监管这一大文章，不辜负市委市政府和全市人民的重托，向社会各界交上一份合格的答卷。

如何正确处理政企关系，保证监管工作

科学合理、严肃严谨、和谐顺畅、高效优质，我认为，要把握好以下四个关系。

（一）在思想认识上，要把握好“变”和“不变”的关系

这是构建和谐监管生态的基础。思想是行动的指南。只有思想到位了、认识准确了，行动才不会跑偏，才不会惹乱子、出洋相。

按照中央顶层设计和市委市政府要求，变化主要体现在三个方面。一是国有文化资产监管由主管主办制度变为出资人制度，更有利于发挥市场在资源配置中的决定性作用，有利于企业依据市场规律开展经营。二是企业隶属关系由市委宣传部、市国资委和市财政局统一变更为市文资办，更有利于国有文化资源的统筹集约利用，更有利于打破条块，实现有效调控。三是政府与企业的关系由“办文化”变为“管文化”，更有利于政事分开、管办分离，更有利于促使企业成为依法自主经营、自负盈亏、自担风险、自我约束和自我发展的独立主体。

但正如李伟同志强调的，不论怎么变，党的关系归口市委宣传部不变，干部管理权属不变，导向管理要求不变。我再加上一条，就是坚持市委宣传部的领导不变。弄清楚“变”和“不变”，我们处理问题就会容易很多。在今后的工作中，涉及资产变动的事项，要报市文资办审核把关、备案登记，由我办出具证明文件，才可执行。而党的关系、干部管理、导向管理以及重大改革事项报批的工作，仍按原有规定执行。

（二）在监管履职上，要把握好“管”和“放”的关系

这是构建和谐监管生态的基本原则。监管企业，看似是管，核心思想是要“放活”，要激发企业活力、创造力和竞争力，不能一管就死、一放就乱。

管，必须要依法依规。要严格贯彻《企业国有资产法》《企业国有资产监督管理暂行条例》《企业国有产权转让管理暂行办法》等法律法规，深入贯彻中央关于国企改革的“1+X”系列文件，认真执行“三重一大”“投资监管”“产权管理”等系列监管制度，完善制度体系，织密监管网络，把权力关在笼子里，确保国有文化资产保值增值。

管，要有度。既不能大而全，什么事都插一杠子，指手画脚，也不能流于形式。作为“账房先生”，要清楚管什么，怎么管。根据中央要求，我们要重点管好国有资本布局，规范资本运作，提高资本回报，维护资本安全，比如监管制度体系建设、企业发展战略、薪酬设计与绩效考核、国有资本经营预算等工作，这些都是该管的，要科学管理，决不缺位。对于不该管的，要依法放权，决不越位。要将依法应由企业自主经营决策的事项归位于企业，将延伸到子企业的管理事项原则上归位于一级企业，将配合承担的公共管理职能归位于相关政府部门和单位。此外，坚持速度服从质量的原则，宁可慢一点，也不能出差错。

（三）在企业发展上，要把握好“主”和“从”的关系

这是构建和谐监管生态的关键环节。任何事情，都会有主有从。弄清了什么是主，就弄清了思想的边界、发展的方向和着力的重点。理解了什么是从，就找到了自身的定位和工作的底线。

当前，“主”就是坚持改革发展，牢固树立独立自主的企业品格。由于复杂的历史原因，国有企业在自觉融入市场、自主创新发展方面，不如民营企业意识强、胆子大、闯劲足、效率高，这不仅制约了国企作用的发挥，而且使其陷入了越不主动—越难发展—更不主动—更不发展的怪圈。国企要摆脱这一局面，担负起发展主体职责，实现真正意义上的自立自强，必须增强主动性，坚持锐意创新，真抓实干。尽管要付出巨大艰辛，甚至会经历镇痛，但只有这样，才能锤炼能力、磨砺品格、转变思维，走上越干事—越自信—越成事的正途。不可抱有“脐带意识”“等靠要思想”，幻想躺在体制上睡觉，靠政府供养过活，那样不仅毁了企业、毁了个人，更愧对党和人民的殷切期望。

“从”就是讲政治、讲规矩、讲道德。“从”要体现在坚决执行国有文化资产监管的管理体制和工作机制上，服从市文资办监管，不动摇、不懈怠、不折腾。“从”要体现在发展导向上，要处理好意识形态属性与产业属性、文化企业特点和现代企业制度的关系，切实把社会效益放在首位，实现经济效益与社会效益相统一。当二者发生矛盾时，要坚持经济效益服从社会效益。

（四）在政企配合上，要把握好“情”和“法”的关系

这是构建和谐监管生态的重要保障。监管国有文化资产，一头连着政府，一头连着企业，既不能只顾监管，不讲人情，也不能情大于法、以情辱法，没了约束，失了规矩。

在我看来，国资监管工作中的讲人情，就是讲服务。去年，李伟同志来我办调研时，要求我们“不做衙门做平台，不做官僚做公仆，不求小利求大义”。不久前，在明确市文资办监管范围工作部署会上，他再次强调了这个要求。我体会，领导希望看到的是“寓监管于服务、以服务促监管”的管理艺术，是监管与被监管企业融洽如家人般的和谐场景，是监管效能和企业活力充分释放的生动画面。

对于这一点，市文资办始终是这样做的。去年，我们深入开展了“要笑脸不要冷面，要感恩不要抱怨，要担当不要推诿”的“三要三不要”主题教育活动，教育引导全体干部职工转作风、树新风、强履职、强服务。在过去与大家打交道的过程中，我们也是尽可能地帮助大家化解问题、促进发展。这次监管范围确定后，坊间有人说监管企业又多了个“婆婆”。对于这种论调，我不赞成。我在这里郑重表态，市文资办不能当“婆婆”，要当“亲妈”。市文资办的大门向所有企业敞开。在今后的工作中，牢固树立服务意识，对企业在思想上给予关怀，在工作上给予指导，在发展上给予支持，帮助企业破束缚、搭平台、创渠道、聚资源，创造充分发挥企业家作用的良好环境氛围，让企业享有获得感和归属感。我也希望企业能放下包袱、打消疑虑，把文资办当“娘家”，有问题、有困惑，向我们敞开心扉，也可以直接跟我说。

但是，情与法不能失衡，服务不可能完全取代监管，监管制度也不能成为摆设，国有文化资产保值增值是硬要求。对于目标任务，我们将依照管理制度进行考核。考核时，将严肃认真进行，可能让大家感觉不讲情面。大家要明白，“法不容情”，依法依规办事，既是尽职尽责，也是增强企业动力、激发员工活力的必要举措。对于完不成目标任务的企业，可能会涉及领导人的绩效薪酬，影响到职工的个人利益。大家务必正确理解，端正态度，深刻领会。

以上两方面，是我对如何构建和谐监管生态的一些思考，希望大家思量。

同志们，我们处在新的历史起点上，希望我们大家团结一心、一道努力，准确把握国有文化企业改革发展的形势和任务，不断深化对国有文化资产监管特点规律的理解和认识，不断增强解放发展文化生产力的责任感、使命感和紧迫感，以改革创新的精神、脚踏实地的作风、一往无前的勇气，不断开创国有文化资产监管新局面！

在市文资办机关工会第一次会员大会上的讲话

市文资办主任　周茂非

（2015 年 11 月 20 日）

各位领导，同志们：

今天，我们举行市文资办机关工会会员大会，依法选举产生了第一届机关工会委员会和工会经费审查委员会。市总工会党组成员、副主席陆晓光同志，市总工会政法卫文工会主席原在会同志都高度重视，亲临指导，提出了殷切期望和系列要求。在此，我代表市文资办党委、办领导班子，向有关领导和同志们的关心支持表示诚挚的感谢！向新当选的各位委员表示热烈的祝贺！

工会是党开展群众工作的好帮手。中央、市委历来重视工会工作。今年 7 月，习近平总书记在全国党的群团工作会议上发表了重要讲话，他强调，群团事业是党的事业的重要组成部分，并对新时期做好群团工作提出了“四个坚持”的总体要求：一要坚持发挥桥梁和纽带作用；二要坚持服务群众的工作生命线；三要坚持与时俱进、改革创新；四要坚持依法依章程独立自主开展工作。9月，市委书记郭金龙同志在市委党的群团工作会议上提出“四项重点任务”，他强调，全市群团组织要积极适应首都工作新形势，在服务首都改革发展稳定大局中发挥重要作用，在引导群众自觉培育和践行社会主义核心价值观中发挥重要作用，在社会主义民主建设中发挥重要作用，在创新社会治理中发挥重要作用。

习近平总书记所提出的“四个坚持”为今后市文资办工会建设指明了方向，郭金龙书记提出的“四项重点任务”确立了今后工会工作的着力点。大家务必认真学习，加深领会，把工会工作做好、做细、做出成效。

市文资办机关工会的成立，标志着我办的机构和职能进一步健全完善。从今以后，办党委联系服务职工群众有了新抓手、新载体、新途径和新保障。刚才，市总工会的领导做了重要讲话，表达了对我办工会工作的希望和嘱托。同志们要认真领会，积极响应各级领导的要求，围绕中心，服务大局，把工会建设和首都文化创意产业发展做好做优。

借此机会，我提几点要求：

一是不断激发岗位建功的动力活力。众人拾柴火焰高。工会成立后，要创造条件，积极引导干部职工建言献策，不断激发善谋事、想干事、能成事的创造性和能动性。当前，要围绕加强干部职工思想政治工作，围绕“三严三实”主题教育活动，围绕学习宣传十八届五中全会精神，深入开展形势政策任务宣传教育，不断提升干部职工政治素养、理论水平和实践能力。特别要把握创新推动文化创意产业发展，广开言路、广纳贤言、广集智慧，最大限度地为文化创意产业发展提供智力支持。广泛开展岗位创先、业务争优活动，积极营造比、学、赶、帮、超的良好环境和氛围，鼓励引导广大干部职工爱岗敬业、踏实工作、干有所成。

二是切实把温暖送到干部职工的身边。我希望，未来在市文资办流传这样一种声音——有困难找工会。虽然这是一句朴素的话，但却是很高的标准，是检验工会工作成效的重要法宝。机关工会要成为干部职工的知情者、知心人和热心帮手，对干部职工要定期走访谈心，实时关注、了解和协调解决干部职工的切实困难，使市文资办成为干部职工的信赖之家、友爱之家、温暖之家、团结之家。要抓好职工互助保险、保健等工作，强化干部职工基础保障。

三是大力活跃机关业余文体生活。要倾听意见建议，组织策划形式多样的文体活动，促进干部职工情感交流，增进团结。不久前，办党委会原则通过了工会筹备组提出的组建若干兴趣小组的活动方案，要抓紧实施，抓出成效。此外，还要积极“请进来，走出去”，加强对外联络沟通。近年来，我办与兄弟单位联合开展了多项文体活动，加深了社会各界对我们的了解，逐步提高了我办的社会影响力。今后，要多创造机会，加强对外交往，干部职工要树立集体意识，维护集体形象，做到“人人树形象，个个展新风”。

四是着力加强工会自身建设。要加强党委对工会工作的组织领导，将工会工作纳入党建工作总体部署，坚持“党建带工建，工建促党建”，健全完善制度机制，确保党建、工建相互辅助、协调并进。要畅通民主渠道，落实干部职工的知情权、参与权、表达权、监督权，以工会建设推动党风廉政建设。要坚持问题导向，查摆问题、寻找根源、探索办法、总结经验，既做晴雨表、风向标，又做稳压器、加油器，广泛宣传成功经验做法，努力营造严谨务实、健康向上的良好氛围。

此前，市政府正式印发文件，明确将出版集团、发行集团、京演集团、文投集团、京广传媒集团、文创国际集团、京华时报社和新京报社纳入市文资办的监管范围。要发挥职能优势，密切联系监管企业工会，提供帮助指导。机关工会要成为机关和企业干部职工间联系交流的纽带，加强同监管企业工会的联系合作，促进学习，推动机关与监管企业工会工作齐头并进，共同促进首都文创产业繁荣发展。

我相信，在市总工会的正确指导下，在大家的共同努力下，在推动全市文化创意产业发展的舞台上，机关工会一定会大有作为，做出应有的贡献！

谢谢大家。

市文资办 2015 年工作总结和 2016 年工作思路

2015 年以来，在市委市政府的坚强领导下，在市委宣传部的正确指导下，市文资办深入贯彻落实党的十八大，十八届三中、四中、五中全会精神，深入贯彻落实习近平总书记系列重要讲话精神以及对北京工作的重要指示精神，坚持深化改革、创新驱动，坚持协调运作、融合发展，坚持脚踏实地、锐意进取，扎实推动各项工作取得积极进展，首都文化改革发展呈现新气象。国有文化资产监管体制正式确立，文化投融资服务体系效能有序释放，文化消费促进机制日益健全，产业结构布局更加优化，文化“走出去”亮点不断涌现，文化经济政策服务持续增强，京津冀文创产业协同发展迈开新步伐。

2015 年 1—11 月，全市规模以上文化创意产业实现收入 10198 亿元，同比增长 6.3%；从业人员 113.4 万人，同比增长 0.3%。全年文创增加值占 GDP 比重初步核定为 13.4%。城镇居民人均文化娱乐支出增长率为 11.2%。文化、体育和娱乐业实现营业收入 684.7 亿元，增速 11%。全年完成文创固定资产投资 353 亿元，同比增长 9.2%，超额完成全年任务量 10.3 个百分点。全市文化创意产业呈现持续向好发展态势。

一、2015 年工作总结

（一）加快推进文化资产管理体制改革，激发国有文化企业发展活力

筑牢国有文化资产监管的制度基础，持续推动国有文化企业改革，提高企业运营成效。

一是稳妥构建和谐监管生态。今年 8 月，市委市政府确定国有文化资产监管关系，印发《关于明确市文资办监管范围的通知》（京政函〔2015〕116 号），将京演集团、出版集团、发行集团、文投集团、文创国际集团、京广传媒集团、新京报社和京华时报社 8 家单位划归文资办监管，北京国有文化资产监管从谋篇布局进入实践阶段。积极履职，组织召开监管工作会议，传达市委市政府要求，强化动员部署，明确监管职责。坚持寓管理于服务之中，办领导班子成员及各部门负责人第一时间深入监管企业集中调研，倾听企业心声，了解企业诉求，提供精准服务。建立定制化服务台账，确定折子任务，明确责任处室、工作步骤和完成时限。推进监管“数据池”信息化平台建设，既强化实时管理，又降低运行成本。

二是推进各项监管制度实施。修订完善“三重一大”“企业负责人绩效考核与薪酬管理”“经济责任审计”“产权管理”“董监事会”等制度，加快推动落地。启动2014年国有文化企业负责人绩效考核，构建基于国有文化企业领导人员胜任力模型的综合评价指标体系和360度测评办法，增强了业绩考核的针对性、科学性和准确性。规范国有文化企业领导人员出国（境）审批流程，向市委组织部报送18名企业领导人员个人事项，进一步加强企业领导人员日常监督管理。开展文投集团及二级企业财务审计，加强业务指导与流程再造，指导企业建章立制，有效防范管理漏洞和廉政风险。为监管企业提供产权登记、资产评估、企业改制等方面共21项服务。

三是深化国有文化企业改革。立足改革、着眼发展，深入分析市属文化企业特点，研究起草《关于深化市属国有文化企业改革的工作意见》，为市属国有文化企业分类改革和监管确立方向、提供路径。探索建立文化企业职业经理人制度，积极推进市场化选人用人新机制。加快国有文化资产布局结构调整，研究提出文创国际与北广传媒整合重组方案，指导京广传媒修订完善子企业章程，指导京演集团设立香港分公司，拓展对外业务。以发展混合所有制为纽带加强优势资源整合，指导京广传媒与启迪传媒共建北京新媒体加速器，推动其落户国家广告产业园区。借鉴上海国资监管经验，探索监管企业免缴国有资本收益的优惠政策，助力企业做大做强。完成文投集团、新京报社等单位资产清查，为国有资产依法监管、合理配置、有效利用提供客观依据。

（二）完善首都文化投融资服务体系，促进文化金融深度融合创新

充分发挥国有资本撬动作用，构建国家文化金融新高地，不断丰富文化要素市场，强化对文创产业发展的资本支撑。

一是积极创建国家文化金融合作试验区。研究制定创建方案，明确目标定位、范围格局、主要任务及保障机制。未来，将依托东城、西城、朝阳、海淀、丰台五区优质资源，规划建设“文化要素市场”“文化产品与金融服务创新”“文化互联网金融”三个特色示范区，着力提升试验区覆盖面和辐射力；将以文投集团为平台，拓宽文化投融资渠道和方式，构建京津冀文创企业金融协同服务新机制；推动文化金融、财政税收、产业投资和规划等政策先行先试，建立组织领导、专项资金、人才培养、舆论宣传系列保障机制，助力融合效应释放。为丰富创建内涵，与东城区政府开展战略合作，挂牌成立北京文化产权交易中心，启动建设文化产权交易、“互联网+”投融资、企业孵化、产权登记托管保护和信息发布五大平台，完善产权交易规则和管理机制，为促进文化产权、版权、股权等要素依市场配置奠定基础。强化公共服务，编印《北京市文化创意产业投融资实务——融资决策》，方便企业了解、享受文化金融创新服务。

二是首都文化投融资服务体系功能充分释放。拓展文创基金规模，募集子基金增至16支，总规模近150亿元，基本实现了以国有资本为主导的产业资本在文艺、影视传媒、数码视讯等行业的有序布局。用好基金平台，推动《平凡的世界》《巨浪》公映，支持拍摄《天将雄狮》，影片取得“叫好又叫座”局面；投资项目中投视讯、央广视讯完成上市准备，即将登录主板市场，国有文化资本有望实现大幅增值；推动上市企业“松辽汽车”完成新一轮融资，加速构建文创资本新平台。创新文化与资本融合机制，与房山区政府共建文创基金小镇，入驻基金公司54家，管理资本近千亿元。引导券商资源投资文创，与光大证券合作设立300亿元产业基金，重点布局文创优势行业及企业并购。落实“众创空间”战略，健全文化创新工场“管家式”全要素服务体系，获中宣部、市委宣传部领导高度评价；加快品牌输出，开拓万开、经济日报社等7个合作基地，初步形成“一园多基地”格局。指导担保公司完善商标质押、股权质押、电影版权质押等反担保方案，推出20多项文化担保产品，累计保额47.3亿元。深化文化服务业改革，活用融资租赁模式，发行国内首单文化无形资产融资租赁资产证券化项目，募集资金7.66亿元，全年投放42.86亿元。设立文化小贷公司，放款31笔，累计提供贷款额3.49亿元。设立影都文化投资公司，收购影人酒店B座，打造新型影创空间。

三是严格监管专项资金。完善“全流程”理念，制定《北京市文化创意产业发展专项资金企业项目征集评审管理办法》及相关实施细则共8项制度。创新监管机制，探索“借助银行专业服务，全链条监管资金”新模式，既实现了资金决策者和监管者的角色分离，又强化了资金监管的持续性和专业性。组织第三方机构对2014年专项资金支持项目开展监督检查，围绕项目进度、资金投入和阶段性目标，开展绩效综合评分，98%的项目符合资金支出管理要求，对于未达标的5个项目，核减282.8万元。完善2015年专项资金支持项目征集评审机制，邀请新闻单位、市人大、市政协、市委巡视组、审计监察等部门全程监督，设立拟支持项目公示环节，确保工作更加规范透明、公开公正。创建黑名单制度，对24个违规项目第一时间收缴已拨资金2198.4万元，保障资金使用安全。全年征集项目881个，支持231个项目，财政杠杆比达到25倍。

（三）创新促销举措，积极提振首都文化消费

坚持文化、消费、惠民“三位一体”，加强资源整合，健全运作机制，积极开创首都文化消费新局面。

一是精心策划第三届北京惠民文化消费季。加强研判，提早谋划，研究制定消费季方案，确立“十大专项活动、十大展销版块、十六区专题活动”总框架。建立政研企会商机制，以“众筹”方式开展文化活动征集遴选。围绕建设“既有高原，又有高峰”的文化消费新格局，创新推出“8·8惠民文化消费主题日”举措，采取线上线下、整合营销等方式，培育营造跨界融合、全民参与的消费氛围。主题日活动期间，发放各类优惠券490余万张，让利惠民千万元。坚持做大惠民文化消费季品牌，大力拓展文化供销渠道，活动为期2个月，持续举办惠民阅读、观影、演艺、文物拍卖等数千场活动，活动数量较前两届大幅增加；编发《2015北京文化消费指南》，努力推介优质文化产品和服务。在系列促销举措引导下，累计消费人次4857.41万，同比增长28.8%；实现直接消费额112.1亿元，同比增长10.1%。

二是完善文惠卡促销机制。贯彻《北京市2015年重要民生实事项目》要求，扩大发卡规模，精选商户，拓展优质文化产品和服务覆盖面，进一步提升文惠卡品牌影响力。与腾讯签署战略合作框架协议，推动构建“互联网+”文化消费新模式，为加盟商户争取到微信服务号、便利支付、低成本促销等系列支持。坚持区域协同、定点服务促销，与北京市报刊零售公司合作，甄选全市500家报刊亭作为文惠卡特约办理点，方便市民群众领取。组织百余场、参与人数超过20万的营销活动，既让消费者实惠地享受优质文化，也为加盟商户带来了良好的经济效益。注重典型引路，对40余家优秀商户授予“优秀合作商户”和“模范合作商户”等荣誉激励，文惠卡品牌优势逐步扩张。截至11月30日，文惠卡累计发放250.9万张，加盟商户2549家，带动交易14亿元。

三是完善文化消费促进政策。以市政府名义发布《关于促进文化消费的意见》，这是全国首个省级关于促进文化消费的政策，既填补了文化消费的政策空白，也为文化消费提供坚实保障。强化政策宣传，组织召开政策解读座谈会，利用人民网、新华网、北京电视台、首都之窗等主要媒体发布政策信息要点，提升政策知晓率。积极协调市财政局、统计局等单位，深入研究文化消费政策的落实途径和办法，为扩大文化消费提供配套支撑。

（四）强化核心要素引导力，推进文创产业结构调整和功能提升

加快文创产业空间规划和内部结构调整，增强核心要素集聚和辐射能力，提升产业发展能级和动力。

一是扎实推进文创产业功能区建设。实施宏观调控，为各功能区“量身定制”建设方案，提出主要目标和重点任务。瞄准发展需求，研究制定“公共服务平台”等系列政策，拟认定支持一批机制规范、服务力强的平台型企业，提升区域协同创新能力。完善技术支撑，会同市统计局研究发布“文创功能区统计监测实施办法”，经反复甄选，确定统计监测基本量和主要量化指标，界定53个片区的四至范围，建立了包含7万余家企业的名录库，形成季报、年报统计机制。开展难点攻关，针对土地、版权、运营管理、服务平台等十大共性课题，研究破解方案，为制定示范园区促进政策奠定基础。强化宣传推介，编辑出版2014年功能区发展报告，及时报道区域建设进展，引导社会各界增进关注。1—8月，全市功能区实现收入4814.5亿元，同比增长6.2%，高于文创产业收入增速1.1个百分点，占文创产业收入比重达68.8%，发展态势良好。

二是落实重大项目带动战略。围绕优化“高精尖”产业结构，坚持有序促进社会投资，有机布局重大项目。加大产业核心层投促力度，遴选带动性较强的重大项目21个，编制《2015年重点文创项目投资计划》，总投资776.5亿元。强化项目调控，推进重大产业项目库二期建设，协调共享市发展改革委、市统计局及各区数据资源，拓展智能平台项目全程分析、实时管理和协同推进功能，奠定坚实工作基础。目前，一批重大项目建设取得积极进展，集聚效能充分释放。国家文化产业创新实验区（示范区）完成土地一级开发，环球影城主题公园一期建设顺利推进。国家新媒体基地进入设备安装阶段，西红门商业综合区主体结构封顶，已办妥预售许可证。中国宋庄艺术小镇项目获取核心地块土地使用权，启动规划设计。恒天时尚创意中心“东坡书院”项目实现开工。

三是构建产业融合发展推进机制。把握文化融合创新趋势，树立前瞻性、科学性、操作性思维，精心编制《关于推进文化创意和设计服务与相关产业融合发展的行动计划（2015—2020年）》，依托首都资源禀赋，紧紧围绕产业结构转型升级，重点发展十大融合领域，确立37类131项重点任务，推动构建“文化创意+”经济发展新模式，进一步激发实体经济创新发展的内生动力。4月，《行动计划》以市政府名义发布。加强工作衔接，启动政策宣传，充分利用《北京日报》《北京商报》等主流媒体，发布“1+10”政策解读系列文章，收获良好反响。坚持“不把政策留在纸面上”，建立融合发展联席会机制，凝聚63个单位合力，加强任务督促和信息交流，各项任务有序落实。文资办率先作为，把握“互联网+”趋势，与新华社北京分社、鹏博士集团签署协议，共同开发运营大数据产业园，开创“园区孵化+整合集聚+股权投资+大数据APP应用开发”新模式，为大数据带动传统产业升级提供现实抓手。此外，还举办了2015北京市文化融合发展项目合作推介会，签约金额达11.25亿元。

（五）坚持架桥铺路、巩固阵地，不断拓展北京文创企业对内对外合作新空间

秉承政府引导、企业主体理念，以政府服务引导企业发展向外扩展，提高产业“走出去”的质量和效益。

一是京津冀文创产业协同发展迈出坚实一步。落实《京津冀协同发展规划纲要》，积极探索京津冀互联互通新空间，培育发展新动力。与承德市政府签订文化企业加盟北京文惠卡协议，推动实现京承文化企业互送客源、互推项目、互搭桥梁。创新召开京津冀文创产业合作暨项目推介会，确立轮值推介机制，促成三地66家园区管理单位签署《京津冀文创园区协同发展备忘录》，搭建产业资源要素共享、产业优势互补、发展经验互鉴新平台。成立首都文化产业协会，建立“政银企”合作机制，集聚保利文化、光线传媒等318家会员企业，获北京银行、工行北京分行等200亿元专享融资额度和绿色通道服务。与津冀文化产业协会签署合作协议，构造文创产业“政产学研用”生态体系，助力京津冀文创产业协同发展。

二是建好用好文创产业“走出去”支撑平台。坚持开放促发展，深化“北京地坛文化庙会”品牌建设，以市场化运作方式，举办2015年“台北之旅”，取得可喜成绩，原创民族舞剧《孔子》展演获巨大成功，北京文化老字号、非物质文化遗产传承在台影响进一步扩大，客流量150万人次，销售金额1580万新台币，协议金额近5亿新台币。充分利用国际性文化服务平台，发出北京声音，宣介北京品牌。积极参加北京国际电影节、2015京台文创展、2015北京国际设计周、第十一届深圳文博会、第二十届澳门国际贸易投资展览会、2015北京—米兰文化创意设计高端推介会，推动国际文化要素市场建设，助力北京文化资源和文化企业走向世界。

三是巩固壮大文创产业“走出去”滩头阵地。统筹利用国内国际两种资源，优化产业国际布局。支持华韵尚德建设“中德文化之家”，举办系列文化活动，扩大北京文化、中华文化在德影响力。支持蓝色光标传播集团收购英国知名大数据公司We Are Social，构建基于大数据的网络营销模式。加快推进国家对外文化贸易基地（北京）建设，一期项目企业集聚区配套设施基本建成，中俄文化创新中心、世纪新峰等国内外60多家知名企业即将进驻；二期项目展览展示和交易中心已完成立项和规划批复，正式启动建设。为提升服务效能，基地专设北京对外文化贸易服务中心，组建服务团队，打造公共服务、招商、结算三大服务体系，对外文化贸易规模潜力巨大。

（六）加强文创服务保障体系建设，有效扶持文创企业发展

创新文化经济服务方式，完善规划法制保障，强化文创产业发展支撑。

一是完善文化经济政策服务。建设运营北京市文化经济政策服务平台，针对企业需求，及时更新政策库内容，新增政策129项，编印政策服务指南和行业政策摘编。丰富平台服务方式，开通政策查询热线、惠企Wifi，设立可视落地政策查询服务屏。完善O2O综合服务网络，设立微信公众号，定期推送产业政策、理论、信息，增进社交互动，公众号关注热度持续升温，阅读量达数千次。创新开展政策服务现场体验，邀请20余家园区企业体验服务、提出改进建议。组织文化法律服务系列沙龙，开展企业上市、小微企业众筹法律风险防范和文化知识产权保护等专题讲座，服务惠及区（县）文创主管部门和首都近60家文化企业。

二是创新文创人才服务方式。组织召开30家市级文创产业人才培养基地工作交流会，建立对口联系和跟踪服务机制，确保人才培养效益充分发挥。组建北京文创双高人才发展中心，引入档案管理、人才交流、政策咨询等人力资源专业化服务，组织开展现场办公、企业培训、系列招聘等特色活动，累计为数百家文创企业的万余人提供服务，有效降低企业运营成本。建立文创人才分类培养机制，瞄准产业对不同技能人才的需求，围绕文创经营管理、专业技术、对外贸易、党务等领域，举办了5场主题培训，累计受训1130人次，有效促进人才技能提升。

三是完善规划和法制保障。根据市领导要求，与市委宣传部共同编制《“十三五”时期北京市文化创意产业发展规划》，启动调研工作。围绕促进国有文化企业做大做强，编制《“十三五”时期北京市国有文化企业发展规划》，坚持一手抓调查，一手抓研究，力争在体制机制、发展思路和创新路径上取得新突破。填补我市文创产业立法空白，会同市法制办，优选专家团队，联合开展工作调研和专家研讨，编制形成《北京市文化创意产业促进条例（草案）》。在此基础上，积极接洽市人大文化立法部门，主动汇报文创产业立法思路和工作进展，为纳入2016年市人大立法计划探索新路径。

（七）全面加强机关建设，推动干部职工转作风、树形象、提效能

强化公仆意识，培养服务精神，明确工作责任，落实目标管理，努力培育锻炼良好干部职工队伍。

一是抓制度建设，打造规范机关。坚持制度为先，修订完善制度40余项，促进办文办会、财务人事、信息公开、机要保密、后勤保障规范化。积极落实完成市政府督查督办事项，责任分解和督查事项保质保量完成。认真开展2015年度财政支出项目绩效评价，强化预算支出管理，提高财政资金使用效益。严格实施法律顾问机制，审查合同百余件，有效降低法律风险，确保法制安全。加强人力资源管理，完成局级后备干部民主推荐，依规遵纪选用12名处级干部，遴选和接收21名机关干部。建立媒体微信群和新闻协调机制，全年新闻报道近千篇，编写《市文资办信息》233期，报送信息212条，在《中办专报》《北京信息》《昨日市情》等刊物登载90条。健全参谋机制，《北京文化创意产业发展研究》《文资办决策参考》《文创月报》服务决策效能日益显现。完善展示宣传机制，文创展示中心全年完成324场次讲解任务，接待参观群众8600余人次，被市委党校认定为“首都文化创意产业发展体验式教学活动”实地教学点。

二是抓作风建设，打造廉政机关。扎实开展“三严三实”专题教育活动，办领导率先垂范，各支部积极跟进，讲党性、促教育、

查不足、抓整改、立规矩，推动群众路线教育持续发展。完善官网“党建工作”专栏、办公网主题教育版块，组织开展落实党委主体责任培训、“严以修身”等三个专题学习研讨，推动各级党员领导干部把“三严三实”作为修身做人、用权律己的基本遵循和干事创业的行为准则。落实市纪委工作部署，扎实开展“为官不为”“为官乱为”问题专项治理。讲政治、讲规矩，高度配合完成市委专项巡视，坚持对问题不遮掩、不回避，坚持以巡视规范内部建设，系列整改措施助力机关科学发展。落实中央八项规定和市委十五条实施意见，规范后勤管理，科学合理配置公车和办公设备，严厉杜绝过度使用和资源浪费。依法承办市人大建议、政协提案22件，获得满意评价。

三是抓组织建设，打造和谐机关。落实市委宣传部工作部署，积极推荐优秀党员和基层党建先进事迹。关爱党员日常生活，走访慰问困难党员干部职工，及时传递党组织的关怀和温暖。加强党的组织建设，完成13名入党积极分子培训，4名优秀干部加入党组织，为党组织输入新鲜血液。配齐配强机关党支部负责人，扎实开展处室组织生活会，基层党组织凝聚力、战斗力显著提升。创新载体和形式，创建“文创领域高层次人才党员之家”，这一创新获得“北京市基层党建创新项目孵化工程”荣誉称号，系统内党员的组织归属感不断增强。坚持以党建聚合力，以合力助发展，以发展促党建，召开全市文创领域党建工作交流会，调动积极性，培育向心力，共筑堡垒，勇当先锋，取得党建和发展双提升。抓队伍建设，开展10余场能力建设主题培训，优化知识结构，提升服务意识。成立机关工会，组建兴趣小组，丰富机关文化体育生活。

二、面临的困难和问题

一年来，市文资办坚持履职尽责、依法办事，监管国有文化资产和统筹文创产业发展取得可喜成绩。在奋发有为、创新发展的过程中，也发现了一些需要高度关注和及时破解的难题。

（一）市属文化企业分类监管和分类改革，既需统筹全局，又需凸显特色

市属文化企业发展水平不等，发展需求不同，难以适用统一的监管方式和改革模式。需要在坚持社会效益优先、社会效益和经济效益相统一的总要求下，使分类监管和分类改革有机衔接，既要确保总方向一致，也要兼顾不同企业的发展需求，在监管制度谋划和改革顶层设计上有统有分、有收有放，形成以监管促改革、以改革强监管的良性机制。

（二）国有文化资产监管关系急需进一步理顺

目前，市政府明确将8家单位纳入市文资办监管范围，这离国有文化企业全面划转系统监管仍有距离。国有文化企业能否全面划转，既反映着市委市政府对我们的信任，也考验着我们的能力。要坚持“以点带面”，扎实稳妥推进监管工作，总结经验，完善制度设计，改进不足，建立科学的制度体系，使监管模式更加成熟稳定，为市属国有文化资产监管全面监管奠定基础。

（三）文化金融融合需加大创新力度

受金融体制和传统银行信贷机制影响，北京在组建文化银行、文化保险、文化信托及开展文化无形资产评估等方面尚未取得突破。要加强与在京银行机构等单位的协商沟通，坚持优势互补，破解体制机制障碍，共同谋划和推进文化金融创新。

（四）文创融合发展要在关键领域取得突破

受行政管理体制制约，产业资源整合不够，文化创意和设计服务与相关产业融合效益有待充分释放。文化融合企业认定难、融合效益统计监测难，需加大资源整合力度，健全融合发展促进机制，真正实现文化创意与相关产业深度融合。目前，需要加快推动的工作是将文化科技融合企业纳入高新企业认定范畴，使其享受同等税收待遇。

（五）需加快推动文创功能区和重大项目建设

文创产业功能区组织管理体制尚未有效建立，园区和重大项目建设仍然面临同质竞争困局。需加大工作创新力度，统筹市区两级产业规划和相关政策，形成功能区“洼地效应”，推动资源集聚和整合互补。

三、2016 年工作思路

2016 年是“十三五”的开局之年，是北京市落实《京津冀协同发展规划纲要》的第一年，是市文资办全面履行国有文化资产监管职能的第一年。今年工作的总体要求是：深入贯彻落实党的十八大和十八届三中、四中、五中全会以及市委十一届八次全会精神，深入学习贯彻落实习近平总书记系列重要讲话精神以及对北京工作的重要指示精神，按照市委市政府的决策部署，在市委宣传部的指导下，坚持创新驱动、稳步推进，牢牢把握“两种属性”，有效突出“两个效益”，紧紧围绕国有文化资产监管和保值增值，以建立党政监管有机结合、宣传部门有效主导的管理模式和体制机制为核心，以构建现代文化市场体系为关键，以政府主导、企业主体、市场运作、社会参与为基本模式，着力健全投融资主体和资本运作平台，不断培育要素市场；着力推动改革和兼并重组，增强国有文化资产活力，打造航母式骨干文化企业；着力实施供给侧改革，引导产业结构向“高精尖”跃迁；着力实施资源优势互补，实现功能升级和融合发展；着力实现政策法规迭代创新，规范引导产业健康走向，以不断增强发展动力、激发创新活力、提升市场竞争力。

（一）全面履职，积极探索，着力加强国有文化资产监管

坚持以管资本为核心履行出资人职责，

按照分类监管要求，研究出台《关于加强北京市国有文化资产监管的意见》《关于深化市属国有文化企业改革的意见》，确立指导思想和工作规则。广泛征求意见，完善“产权管理”“三重一大”“监督审计”等监管制度，并印发执行。加强监管机制设计，推动监事会筹建，建立全覆盖审计体系。谋划国有文化资产布局和结构优化，高水平编制《“十三五”时期北京市国有文化企业发展规划》。加强信息化建设，推动监管数据及时全面反映企业运行动态。

（二）拓宽渠道，创新机制，着力构建首都文化金融新高地

加快国家文化金融合作试验区创建进程，出台建设方案，保障试验区建设取得阶段性成果。充分发挥首都文化投融资体系作用，加快文化“投保贷孵融”平台有机运作与协同发展。创新文化项目路演机制，推动文化资源与金融机构实质性对接。培育文化金融创新中介体系，探索文创企业信用融资新机制。鼓励推动金融机构产品创新，进一步缓解融资难融资贵等问题。管好用好文化创新发展专项资金，升级全生命周期管理方法，强化监督检查，确保专项资金监管严格严肃、公平公正、阳光透明。

（三）整合资源，优化措施，着力推进文创产业升级创新

创新文创产业功能区推进机制，编制各功能区中长期建设发展规划，全力推动功能区建设取得实质进展。以重大项目带动产业提质增效，增强中央项目承载带动能力，完善服务保障机制，力促环球影城、国家对外文化贸易基地、国家文化产业创新实验区等一批重大文化项目取得新成效。坚持扩大文化消费促发展。增强体验性，群策群力办好第四届北京惠民文化消费季。推动文惠卡实现储值支付等功能升级，探索电子消费券促销新模式，形成首都文化消费新的有效支撑点。

（四）优势互补，联动发展，着力推动京津冀文创产业协同发展

落实《北京市关于贯彻〈京津冀协同发展规划纲要〉的意见》，研究谋划文创产业协同发展的新思路新布局。积极构建协同发展联席会平台，互送资源，互通渠道，共谋发展。以资本为纽带，通过兼并重组、股权投资等方式，强化京津冀文化资源整合嫁接，推动建立“强强联合”“优势带动”“反哺周边”产业发展新模式。加速京津冀文化大市场建设，扎实推动文化企业率先在文化消费领域开展跨区域交流合作。以项目建设为根本抓手，加强重大文化项目衔接协调，召开三地重大项目推介会，力争在更大空间、更深层次上实现协调发展、务实发展。

（五）创新政策，完善立法，着力激发文创产业发展活力

高水平建设完善文化经济政策平台，丰富“一站式”服务内容，组织开展文化沙龙、政策咨询等服务；积极拓展业务范畴，引入金融超市、孵化平台等资源，通过举办创新创意大赛等活动，推动创意成果转化。深入落实我市《关于推进文化创意和设计服务与相关产业融合发展的行动计划（2015—2020年）》，制定文创融合型企业认定标准，认定一批融合型示范企业。编制完善《北京市文化创意产业促进条例》，比照国家文化产业促进立法节奏，确保文化产业立法同步推进、更具特色。

（六）搭建平台，促进合作，着力优化产业发展环境

围绕落实“一带一路”战略，深化“走出去”体制机制创新研究。团聚驻外使馆、国外知名商会、企业组织等资源，不断拓展“走出去”渠道。创新京交会、文博会、科博会、国际创意设计周等平台的内容与形式，促进与“一带一路”沿线国家地区的文创互动和贸易往来。发挥首都文化产业协会联系、协调、服务作用，拓宽合作渠道和范围，为产业合作共赢奠定基础。完善文创双高人才中心和人才培养基地建设，强化高端人才引进和文创人才培养机制政策，促进机构规范化、科学化、高效化发展。

（七）内强素质，外树形象，着力提升履职能力

加强领导班子建设，团结带领党员干部干事育人、育人成事。要不断强化思想政治建设，始终与中央市委保持高度一致。要加强理论武装，不断强化世界观、人生观、价值观教育，积极树立正确的权力观、利益观、地位观。要巩固“三严三实”专题教育成果，深化“三要三不要”教育实践活动，推动作风建设持续优化。要坚持从严治党、从严治吏，严格落实党委主体责任和纪委监督责任，确保党风廉政建设和反腐倡廉建设取得新成效。要积极发挥党团组织和工会职能，以丰富多彩的文体活动蓄积正能量。

第二部分

规范性文件

京政发〔2015〕20号

北京市人民政府关于印发《北京市推进文化创意和设计服务与相关产业融合发展行动计划（2015—2020年）》的通知

各区、县人民政府，市政府各委、办、局，各市属机构：

现将《北京市推进文化创意和设计服务与相关产业融合发展行动计划（2015—2020年）》印发给你们，请结合实际认真贯彻落实。

北京市人民政府

2015年4月7日

北京市推进文化创意和设计服务与相关产业融合发展行动计划（2015—2020年）

为深入贯彻落实《国务院关于推进文化创意和设计服务与相关产业融合发展的若干意见》（国发〔2014〕10号）精神，进一步加强全国文化中心、科技创新中心建设，更好适应文化创意和设计服务在经济社会各领域各行业呈现出的多向交互融合发展态势，加快构建“高精尖”经济结构，结合本市实际，特制定以下行动计划。

一、总体要求

（一）指导思想

深入贯彻落实党的十八大和十八届三中、四中全会精神，深入学习贯彻习近平总书记系列重要讲话和对北京工作的重要指示精神，坚持和强化首都城市战略定位，以“创意北京”为统领，以文化创意为核心，以市场需求为导向，以改革创新为动力，积极营造大众创业、万众创新的浓厚氛围，着力推动文化创意和设计服务与高端制造业、建筑业、商务服务业、信息业、旅游业、农业、体育产业等重点领域融合发展，促进相关产业转型升级，加快发展新型业态，更好满足人民群众日益增长的物质文化需求，为建设国际一流的和谐宜居之都贡献力量。

（二）基本原则

——市场主导，政府推动。充分发挥市场在资源配置中的决定性作用，更好地发挥政府的促进推动作用，强化以企业为主体的协同创新，推进文化创意和设计服务与相关产业深度融合。

——文化传承，科技支撑。传承历史文脉，丰富创意设计内涵，拓展文化遗产传承保护利用途径。强化科技创新，增强创意设计转化应用能力，创造具有北京特色的现代新产品，实现文化价值和实用价值的有机统一。

——创意引领，创新驱动。把创意创新摆在更加突出的位置，通过文化植入、创意融入和设计提升，推动内容创新、业态创新和制度创新，促进文化创意和设计服务产业化、专业化、品牌化发展。

（三）发展目标

到2020年，基本形成文化创意和设计服务与相关产业高水平、深层次、宽领域的融合发展格局，培养一批高素质领军人才，培育一批具有核心竞争力、辐射力、带动力的重点企业，打造一批具有北京特色和国际影响力的品牌，建设一批运营有序、差异发展、协作支撑的产业融合发展示范区。文化创意和设计服务的先导产业作用更加突出，对全市经济发展的贡献率显著提升，为实施创新驱动发展战略，促进经济提质增效升级发挥重要作用。

二、重点任务

（一）文化创意产业提质行动。

把提升文化创意和设计服务水平作为推动融合发展的基础，通过结构优化、内容创新和培育需求，增强渗透力、辐射力和带动力。

1. 推动产业结构优化升级。认真落实《北京市人民政府关于印发〈北京市文化创意产业功能区建设发展规划（2014—2020年）〉和〈北京市文化创意产业提升规划（2014—2020年）〉的通知》（京政发〔2014〕13号），加强特色文化产业发展，构建现代文化创意产业体系。以中关村国家自主创新示范区为重点，加快推动20个文化创意产业功能区建设，进一步集聚文化人才、技术、资本等创新要素资源，促进产业紧密协作、共同发展。以CBD-定福庄国际传媒产业走廊为核心承载空间，建设国家文化产业创新实验区。加大对广告业发展的指导力度，加快北京国家广告产业园区建设步伐，大力发展广告设计，提升广告业与影视、动漫、会展等产业融合发展水平。推动传统文化产业优化升级，加强舞美设计创意和舞台技术装备创新，促进工艺美术品与现代科技、时尚元素融合，提升附加值。

2. 激发创意设计活力。鼓励文化创意产业功能区管理机构、协（商、学）会、企业等单位搭建创意设计公共服务平台，积极促进创意设计多元化、多渠道发展。提升中国设计红星奖评选等品牌活动影响力。推广中国北京出版创意产业园区改革创新经验，促进图书策划、内容创作和出版服务分工协作，实现业态升级。支持广告、传媒等企业建立文化研究中心、创意实验室等机构，提升创意设计水平。鼓励利用众筹方式，推广“联合创作、联合出版”，激发大众创作活力。

3. 扩大文化消费规模。深入实施文化消费品牌引领战略，打造一批主题鲜明的文化消费品牌活动。以办好北京惠民文化消费季为契机，不断完善北京文化惠民卡的文化消费市场引导、商户联合营销、综合信息服务、行业监测分析等功能，培育文化消费理念，引领文化消费方向。按照产业融合发展新趋势，完善文化设施布局和功能，拓展文化消费新空间，大力促进文化消费。规范互联网文化消费新业态，培育新的文化消费增长点。

（二）数字内容产业提速行动。

坚持科技创新与文化创新相结合，加强文化创意与信息服务的互动支撑，加快培育双向深度融合的新型业态。

1. 推动文化产品与服务的数字化进程。深入推动文化消费与信息消费融合，加快推进文化产品和服务生产、传播、消费的数字化进程，拓展新媒体文化消费。围绕数字游戏、数字音乐、数字影视等重点领域，创新新兴网络文化服务模式，促进动漫游戏、广播影视等产业优化升级。持续推进北京国家数字出版基地等重点项目建设，集聚优势资源，推动数字技术、网络运营与传统出版业融合发展。加强博物馆、图书馆、文化馆等公共文化设施数字化建设，提高科技化服务水平。

2. 培育数字内容产业新业态。加大数字内容全产业链整合力度，加强设计、制造、营销、消费等各环节的衔接，加快新技术的研发，创新商业模式，培育文化与科技双向深度融合的新型业态。全面推进三网融合，加强通讯设备制造、网络运营、内容服务单位间的互动合作，推广交互式网络电视、视频点播、手机电视等创新型业务，推动智慧社区、智慧家庭建设。

（三）旅游文化内涵开发行动。

赋予旅游产业更多文化内涵，促进文化与旅游资源整合、业态融合，积极推动参与式、体验式特色旅游发展，提升旅游内涵质量。

1. 丰富文化旅游业态。加强对长城、颐和园等文化遗产的保护利用，推进衍生产品和旅游项目综合开发。深入挖掘传统文化旅游资源，提供特色鲜明的京味文化主题旅游产品和服务。依托工业遗产、高校院所、生态农业等资源，加强创意开发设计，发展工业体验游、学术科教游、养生保健游等特色主题旅游。

2. 建设文化旅游景区。融合现代科技文化，加快推进北京环球主题公园、密云古北水镇等特色文化旅游项目建设；依托历史文化资源，加大“三山五园”、大运河、卢沟桥等经典历史文化资源的保护利用，开辟旅游新空间。支持旅游景区拓展体验性、互动性的特色文化增值服务，完善配套基础设施，提升旅游休闲消费水平。

3. 完善文化旅游服务。依托北京旅游商品设计大赛，大力开发推广“北京礼物”。支持文化旅游企业跨行业、跨领域兼并重组，打造文化旅游品牌企业。整合旅游信息服务资源，加快建设智慧旅游服务体系，积极发展个性化、定制化旅游服务。提升北京国际旅游节、北京国际旅游博览会等品牌活动影响力，办好文化旅游精品活动。

（四）教育服务业态培育行动。

积极提供文化艺术教育服务，加强文教产品创意开发和应用，积极培育开放式、社会化教育服务业态。

1. 扩大文化艺术教育服务范围。优化学校文化教育课程设置，促进艺术类高等院校与中小学、社区和企业合作，推动传统艺术、高雅艺术进校园、进社区、进企业。统筹社会教育资源，加强科普基地、公共文化机构和市民学校、老年大学等教育机构建设。通过加强文化艺术教育，提高市民人文素养，培育文化消费观念，激发对创意和设计服务产品的消费热情。

2. 培育教育服务新产品、新业态。强化信息技术应用，开发推广智能化教学软件、多媒体教学工具等新型教辅设备，丰富文教产品种类。开发运用互联网多媒体教学资源，加强远程教育公共服务体系建设，培育线上线下相融合的教育新模式。引导教育培训围绕家政服务、考试辅导、职业培训等市场需求，发展专业化、细分化的教育培训产业体系。加强创意设计职业教育，引导社会力量投入文化创意教育领域。

（五）体育产业空间拓展行动。

深入挖掘体育运动文化内涵，发挥体育产业和体育事业良性互动作用，以创办精品赛事为核心，促进体育产业体系更加完善。

1. 办好精品体育赛事。鼓励社会力量参与举办中国网球公开赛、北京马拉松等重大赛事活动，积极引进国际精品赛事，提高赛事运营市场化水平，推动与体育赛事相关版权的开发利用。以足球、篮球、排球三大球为切入点，加快发展普及性广、关注度高、市场空间大的集体运动项目，支持发展健身跑、健步走、自行车赛等群众喜闻乐见的健身休闲项目，引导大众体育消费。

2. 培育体育产业新业态。鼓励开发和推广创意型体育器材、体育用品和衍生产品，运用新工艺、新材料、新技术，提高体育产品科技含量。丰富体育产业内容，促进体育旅游、体育传媒、体育会展等相关业态发展，支持制造、信息、食品药品等企业开发体育领域产品和服务。

（六）城市文化品味提升行动。

坚持以人为本，注重传承创新，加强首都城市规划建设的文化元素融入，营造充满活力与创意的和谐宜居环境。

1. 加强规划设计创意引导。及时修订相关规范和标准，增加文化内涵、环境保护等要素比重，提高城乡规划、景观风貌规划和建筑装饰设计水平。加强对新建公共建筑的技术审查，引导规划设计绿色建筑。支持规划、设计、施工和研发等领域企业组建产业联盟，提高行业资质管理标准。

2. 提升城乡规划建设创意水平。深入挖掘北京文化内涵，注重在城市建筑设计中体现文化元素。推动城市园林绿化和养护服务市场化改革，发展创意园艺。突出节能环保的建筑设计理念，以集成设计带动建筑装饰材料等相关产业创新升级。加快建设一批绿色生态示范城区和镇村，营造和谐宜居的城乡生态环境。

3. 拓展城乡公共文化空间。传承历史文脉，创新保护利用模式和政策，鼓励社会力量参与对胡同、四合院、古村落等历史文化资源的修缮与利用。加大对博物馆、图书馆、文化馆等公共文化设施投入，推动基本公共文化服务标准化建设。积极引领城乡群众文化活动，促进文化演艺活动社区化、生活化，弘扬主旋律，激发正能量。

（七）文化金融服务创新行动。

创新文化金融产品，完善服务体系，通过优化配置金融资源促进产业融合，争创国家文化金融示范区。

1. 创新文化金融服务产品。鼓励金融机构创新提供文化金融综合服务，通过信用担保、融资租赁等多种方式支持文化创意和设计服务企业发展，积极开展无形资产抵（质）押贷款业务，拓宽贷款抵（质）押物范围。加快推进北京保险产业园建设，鼓励保险公司开发更多文化类保险产品。支持金融机构开展文化资产证券化试点，规范引导互联网融资平台投资文化创意和设计服务领域。

2. 完善文化金融服务组织。鼓励金融机构建立文化金融专业部门、专营机构。搭建文化金融中介服务平台，提供项目对接、信息资讯、业务培训等服务。加快建设北京文化产权交易中心，构建面向全国的文化资源要素市场和交易平台。

3. 优化文化金融服务环境。加快构建文化创意产业信贷担保、投融资等金融服务平台。引导金融机构健全文化企业融资信用评级制度，完善贷款利率定价机制和业务风险管理机制。依托全国中小企业股份转让系统和北京股权交易中心等服务平台，支持文化创意企业上市融资，培育资本市场的北京文化板块。

（八）商务服务业态优化行动。

以文化创意和设计服务丰富商品种类和商业业态，以商务繁荣带动创意转化，积极促进大众消费。

1. 提升传统商业业态。鼓励商场、餐饮、酒店等企业强化创意设计，提供具有文化特色的体验式消费项目。引导传统书店、电影院、演艺场所等引入特色文化资源，打造商务服务与休闲文化高度融合的综合消费场所。深入挖掘老字号企业的传统文化内涵，鼓励其利用互联网拓展营销渠道，增强老字号品牌的文化传承力和影响力。鼓励商贸企业利用现代流通方式，发展定制服务、无实体店铺销售等新业态，推行标准化、连锁化经营。

2. 培育创意商务服务。鼓励发展“创客空间”“创新工场”等新型孵化服务业态，组建创意设计服务联盟，建设一批创意孵化楼宇和特色商务街区。鼓励在各类知识产权和版权交易平台、技术交易平台、电子商务平台设立创意设计服务板块，促进创意成果转化。

3. 拓展融合消费空间。支持文化创意产业功能区设立文化消费体验区，引导提供个性化、细分化的文化产品和服务，促进文化市场供需衔接。鼓励文化类电子商务平台发挥技术、信息优势，积极开发移动支付结算系统，提升文化消费便利水平。

（九）制造业产业链升级行动。

着眼于京津冀协同发展、调整疏解非首都功能，加强工业设计的研究和应用，提升产品设计创新能力，推动“北京制造”向“北京设计”“北京创造”转变。

1. 加强设计服务应用。鼓励和推动在京企业、科研院所建设设计创新中心，争创一批国家级工业设计中心，吸引国际一流设计机构来京发展。深入实施首都设计提升计划，办好北京国际设计周等特色品牌活动，加快推进中关村科技园区西城园和中国设计交易市场建设，培育战略性新兴产业发展新优势。

2. 培育制造业新业态。推动制造业企业优化在京业务布局，调整疏解低端业态，强化研发、设计等功能，壮大总部经济。支持服装服饰等传统都市工业构建“创意设计—生产外包—内容服务”商业模式，推动向智能型、服务型转变。围绕绿色建筑、节能环保、新能源等领域，鼓励实施以设计为龙头的总承包服务，提升产业竞争力。

3. 推广新型制造模式。把握“互联网+”发展新趋势，推动移动互联网、云计算、大数据、物联网等与现代制造业相结合，加快催生新技术、新产品、新模式、新业态。顺应市场需求和现代生活方式，融入传统文化和现代时尚元素，强化创意设计在产品创新、品牌建设、营销策划等方面的作用，激发个性消费和定制服务需求，提高产品附加值。

（十）现代农业创意增效行动。

围绕首都特色农业资源，提高农业领域的创意和设计水平，促进农业与相关产业深度融合，实现农业生产、生态效益显著提升。

1. 培育农业休闲新业态。围绕农业生产、农民劳动和农村风貌，推进农业与文化创意、科技发展、生态建设等融合，培育集农业观光、体验、科教及文化传承于一体的农业经济新业态。支持建设多功能主题农业园，培育农业休闲旅游新品牌。加强创意科普和科技惠农，办好北京农业嘉年华等活动，推动都市农业、会展农业融合发展。

2. 提升农产品附加值。加强大兴西瓜、平谷大桃等特色农产品品牌建设，加大农产品商标和地理标志保护力度，促进特色化、品牌化发展。鼓励利用现代信息技术，建立健全相关技术标准、质量追溯体系，创新农产品营销模式，促进产销对接和产业升级。

3. 提高农村创新创意能力。加强新农村“一村一景”规划指导，大力发展景观农业，建设美丽乡村。围绕“土地流转起来、资产经营起来、农民组织起来”，加快促进一、二、三产业融合发展，进一步开发农业新功能，挖掘农业新价值。组建乡村服务联盟，引导社会资本投资发展创意农业。提升农民文化创意技能，建设一批专业文化村、技能村，促进农民增收致富。

三、保障措施

（一）建立健全组织领导机制。

建立市文化创意和设计服务与相关产业融合发展联席会议制度，负责研究相关配套政策措施，统筹推进有关工作。联席会议成员单位包括市文资办、市发展改革委、市科委、市经济信息化委、市财政局、市统计局、市金融局等部门，办公室设在市文资办。各区县政府、市政府各有关部门和单位要高度重视此项工作，将其列入本地区、本部门和本领域工作重要议事日程，按照职责分工，抓紧推进重点工作，及时做好分析总结和情况报告，确保取得实效。

（二）强化财税政策引导机制。

严格落实国家关于推进文化创意和设计服务与相关产业融合发展的税收政策。建立文化创意和设计服务与相关产业融合发展的园区（基地）、企业、产品评定标准，通过财政补贴、贷款贴息、政府购买服务等方式给予支持。鼓励引导社会资本设立产业融合发展基金。

（三）健全知识产权经营机制。

深入实施首都知识产权战略，搭建知识产权和版权服务平台，加强知识产权和版权交易登记备案。建立健全无形资产评估办法，完善有利于创意和设计发展的产权制度。鼓励有条件的区县设立知识产权和版权快速维权机构，健全知识产权和版权的创新、运营和保护体系。参照中关村自主创新示范区股权激励政策，探索文化创意和设计服务资产化路径。开展知识产权运营基金试点工作。

（四）优化创意人才培养机制。

制定文化创意和设计服务人才发展规划，确立人才评定标准和激励政策。建设文化创意职业技能人才培训基地，通过与国际知名培训机构共建合作，培养一批高层次、复合型、国际化的文化创意和设计服务人才。举办创意设计竞赛活动，促进创新成果展示交易。对于文化创意和设计服务企业，发生的职工教育经费支出，不超过工资薪金总额8%的部分，准予在计算应纳税所得额时扣除。

（五）落实项目建设保障机制。

支持以划拨方式取得土地的单位利用存量房产、原有土地兴办文化创意和设计服务，在符合城乡规划前提下土地用途和使用权人可暂不变更，连续经营一年以上，符合划拨用地目录的，可按划拨土地办理用地手续；不符合划拨用地目录的，可采取协议出让方式办理用地手续。完善农村土地管理制度，在符合规划和用途的前提下，研究探索农村集体经营性建设用地通过出让、租赁、入股等方式，发展文化创意和设计服务与农业融合项目。鼓励利用老旧厂房、腾退仓库、废弃矿山以及闲置商业设施等资源，发展文化创意和设计服务。

（六）构建企业成长培育机制。

发挥中小企业发展专项资金作用，进一步支持文化创意和设计服务企业发展壮大，促进产业融合发展，重点培育一批创意内涵多、增长潜力大、带动效果好的企业，打造跨界融合型领军企业。加快文化创意和设计服务领域的国有企业股份制改造和事业单位分类改革，支持引进社会资本，以参股、控股、收购、兼并等形式实现跨地区、跨行业战略重组。

（七）完善对外合作开放机制。

加快国家对外文化贸易基地建设，搭建跨境电子商务云服务平台，不断扩大对外文化贸易。实施“走出去”战略，鼓励企业积极开拓国际市场，参加国际知名创意和设计评选活动，参与制定国际标准。积极推进京津冀文化创意和设计服务与相关产业融合发展的区域协作。

（八）完善统计评估服务机制。

加强文化创意和设计服务类产业的统计监测与分析工作，完善相关统计指标体系。建立融合发展项目、企业、园区（基地）数据库，强化融合发展绩效分析。研究发布产业融合发展评价指数和融合发展报告。

附件：

重点任务分工及进度安排表

序号	重点任务	具体内容	主责单位	协办单位	时间安排与要求
1	推动产业结构优化升级	认真落实《北京市人民政府关于印发〈北京市文化创意产业功能区建设发展规划（2014—2020 年）〉和〈北京市文化创意产业提升规划（2014—2020 年）〉的通知》（京政发〔2014〕13 号），加强特色文化产业发展，构建现代文化创意产业体系	市文资办	各相关单位	2015 年启动，之后持续实施
		以中关村国家自主创新示范区为重点，加快推动 20 个文化创意产业功能区建设，进一步集聚文化人才、技术、资本等创新要素资源，促进产业紧密协作、共同发展	市文资办	各相关单位	2015 年启动，之后持续实施
		以 CBD- 定福庄国际传媒产业走廊为核心承载空间，建设国家文化产业创新实验区	市文资办	市文化局，朝阳区政府	2015 年启动，之后持续实施
		加大对广告业发展的指导力度，加快北京国家广告产业园区建设步伐，大力发展广告设计，提升广告业与影视、动漫、会展等产业融合发展水平	市文资办	市文化局、市工商局、市新闻出版广电局，朝阳区政府	持续实施
		推动传统文化产业优化升级，加强舞美设计创意和舞台技术装备创新，促进工艺美术品与现代科技、时尚元素融合，提升附加值	市文化局	市科委（“北京市科学技术委员会”的简称，以下不再一一注明）、市经济信息化委、市文资办	2015 年启动，之后持续实施

续表

序号	重点任务	具体内容	主责单位	协办单位	时间安排与要求
2	激发创意设计活力	鼓励文化创意产业功能区管理机构、协（商、学）会、企业等单位搭建创意设计公共服务平台，积极促进创意设计多元化、多渠道发展	市科委	市文资办	2015年6月底前启动，之后持续实施
		推广中国北京出版创意产业园区改革创新经验，促进图书策划、内容创作和出版服务分工协作，实现业态升级	市新闻出版广电局	市文资办	2015年启动，之后持续实施
		支持广告、传媒等企业建立文化研究中心、创意实验室等机构，提升创意设计水平	市文资办	市科委、市文化局、市工商局、市新闻出版广电局、市贸促会（“中国国际贸易促进委员会北京市分会”的简称，以下不再一一注明）	持续实施
		鼓励利用众筹方式，推广“联合创作、联合出版”，激发大众创作活力	市新闻出版广电局	市文资办	持续实施
3	扩大文化消费规模	以办好北京惠民文化消费季为契机，不断完善北京文化惠民卡的文化消费市场引导、商户联合营销、综合信息服务、行业监测分析等功能，培育文化消费理念，引导文化消费方向	市文资办	市商务委，各相关单位	2015年启动，之后持续实施
		规范互联网文化消费新业态，培育新的文化消费增长点	市文资办	市经济信息化委、市商务委	持续实施

续表

序号	重点任务	具体内容	主责单位	协办单位	时间安排与要求
4	**推动文化产品与服务的数字化进程**	加快推进文化产品和服务生产、传播、消费的数字化进程，拓展新媒体文化消费	市文资办	市科委、市经济信息化委、市文化局、市新闻出版广电局	持续实施
		持续推进北京国家数字出版基地等重点项目建设，集聚优势资源，推动数字技术、网络运营与传统出版业融合发展	市新闻出版广电局	市科委、市文资办，西城区政府、朝阳区政府、丰台区政府	持续实施
		加强博物馆、图书馆、文化馆等公共文化设施数字化建设	市文化局	市科委、市经济信息化委、市文资办、市新闻出版广电局、市文物局	持续实施
5	**培育数字内容产业新业态**	加大数字内容全产业链整合力度，加强设计、制造、营销、消费等各环节的衔接，加快新技术的研发，创新商业模式，培育文化与科技双向深度融合的新型业态	市文资办	市发展改革委、市科委、市经济信息化委、中关村管委会	持续实施
		全面推进三网融合，加强通讯设备制造、网络运营、内容服务单位间的互动合作，推广交互式网络电视、视频点播、手机电视等创新型业务，推动智慧社区、智慧家庭建设	市新闻出版广电局	市发展改革委、市科委、市经济信息化委、市文资办	2015 年 6 月底启动，之后持续实施

续表

序号	重点任务	具体内容	主责单位	协办单位	时间安排与要求
6	丰富文化旅游业态	加强对长城、颐和园等文化遗产的保护利用，推进衍生产品和旅游项目综合开发	市旅游委	市发展改革委、市科委、市文化局、市文资办，相关区县政府	持续实施
		深入挖掘传统文化旅游资源，提供特色鲜明的京味文化主题旅游产品和服务	市旅游委	市发展改革委、市文化局、市园林绿化局，相关区县政府	持续实施
		依托工业遗产、高校院所、生态农业等资源，加强创意开发设计，发展工业体验游、学术科教游、养生保健游等特色主题旅游	市旅游委	市教委（“北京市教育委员会”的简称，以下不再一一注明）、市科委、市经济信息化委、市商务委、市园林绿化局，相关区县政府	持续实施
7	建设文化旅游景区	融合现代科技文化，加快推进北京环球主题公园、密云古北水镇等特色文化旅游项目建设；依托历史文化资源，加大“三山五园”、大运河、卢沟桥等经典历史文化资源的保护利用，开辟旅游新空间	市旅游委	市发展改革委、市科委、市国土局、市文化局、市文物局，相关区县政府	2015 年 6 月底前启动，之后持续实施
		支持旅游景区拓展体验性、互动性的特色文化增值服务，完善配套基础设施，提升旅游休闲消费水平	市旅游委	市发展改革委、市国土局、市规划委、市商务委，各区县政府	持续实施

续表

序号	重点任务	具体内容	主责单位	协办单位	时间安排与要求
8	完善文化旅游服务	依托北京旅游商品设计大赛，大力开发推广“北京礼物”	市旅游委	市商务委	持续实施
		支持文化旅游企业跨行业、跨领域兼并重组，打造文化旅游品牌企业	市旅游委	市文资办	持续实施
		整合旅游信息服务资源，加快建设智慧旅游服务体系，积极发展个性化、定制化旅游服务	市旅游委	市商务委	持续实施
		提升北京国际旅游节、国际旅游博览会等品牌活动影响力，办好文化旅游精品活动	市旅游委	各相关单位	持续实施
9	扩大文化艺术教育服务范围	优化学校文化教育课程设置，促进艺术类高等院校与中小学、社区和企业合作，推动传统艺术、高雅艺术进校园、进社区、进企业	市教委	各相关单位	持续实施
		统筹社会教育资源，加强科普基地、公共文化机构和市民学校、老年大学等教育机构建设	市教委	市科委、市文化局	持续实施

续表

序号	重点任务	具体内容	主责单位	协办单位	时间安排与要求
10	培育教育服务新产品、新业态	强化信息技术应用，开发推广智能化教学软件、多媒体教学工具等新型教辅设备，丰富文教产品种类	市教委	市发展改革委、市经济信息化委、市新闻出版广电局，各区县政府	持续实施
		开发运用互联网多媒体教学资源，加强远程教育公共服务体系建设，培育线上线下相融合的教育新模式	市文资办	市教委、市科委、中关村管委会	持续实施
		引导教育培训围绕家政服务、考试辅导、职业培训等市场需求，发展专业化、细分化的教育培训产业体系	市文资办	市教委	持续实施
		加强创意设计职业教育，引导社会力量投入文化创意教育领域	市教委	市科委、市文资办	持续实施
11	办好精品体育赛事	鼓励社会力量参与举办中国网球公开赛、北京马拉松等重大赛事活动，积极引进国际精品赛事，提高赛事运营市场化水平，推动与体育赛事相关版权的开发利用	市体育局	各相关单位	持续实施
		以足球、篮球、排球三大球为切入点，加快发展普及性广、关注度高、市场空间大的集体运动项目，支持发展健身跑、健步走、自行车赛等群众喜闻乐见的健身休闲项目，引导大众体育消费	市体育局	各相关单位	持续实施

续表

序号	重点任务	具体内容	主责单位	协办单位	时间安排与要求
12	培育体育产业新业态	鼓励开发和推广创意型体育器材、体育用品和衍生产品，运用新工艺、新材料、新技术，提高体育产品科技含量	市体育局	市科委、市经济信息化委，各相关单位	持续实施
		丰富体育产业内容，促进体育旅游、体育传媒、体育会展等相关业态发展，支持制造、信息、食品药品等企业开发体育领域产品和服务	市体育局	市商务委、市旅游委、市食品药品监管局、市工商局、市新闻出版广电局	持续实施
13	加强规划设计创意引导	及时修订相关规范和标准，增加文化内涵、环境保护等要素比重，提高城乡规划、景观风貌规划和建筑装饰设计水平。加强对新建公共建筑的技术审查，引导规划设计绿色建筑	市规划委	市发展改革委、市环保局、市住房城乡建设委、市市政市容委、市园林绿化局	2015 年 6 月底前启动，之后持续实施
		支持规划、设计、施工和研发等领域企业组建产业联盟，提高行业资质管理标准	市规划委	市发展改革委、市人力社保局、市住房城乡建设委、市园林绿化局	持续实施

续表

序号	重点任务	具体内容	主责单位	协办单位	时间安排与要求
14	提升城乡规划建设创意水平	深入挖掘北京文化内涵，注重在城市建筑设计中体现文化元素	市规划委	市发展改革委、市住房城乡建设委、市市政市容委，各区县政府	持续实施
		推动城市园林绿化和养护服务市场化改革，发展创意园艺	市园林绿化局	各区县政府	持续实施
		突出节能环保的建筑设计理念，以集成设计带动建筑装饰材料等相关产业创新升级	市规划委	市发展改革委、市科委、市住房城乡建设委、市市政市容委，各区县政府	持续实施
		加快建设一批绿色生态示范城区和镇村，营造和谐宜居的城乡生态环境	市住房城乡建设委	市发展改革委、市环保局、市规划委、市市政市容委	持续实施
15	拓展城乡公共文化空间	传承历史文脉，创新保护利用模式和政策，鼓励社会力量参与对胡同、四合院、古村落等历史文化资源的修缮与利用	市文化局	市发展改革委、市规划委、市农委（“北京市农村工作委员会”的简称，以下不再一一注明）、市文物局	持续实施
		加大对博物馆、图书馆、文化馆等公共文化设施投入，推动基本公共文化服务标准化建设	市文化局	市发展改革委、市规划委，各区县政府	2015 年 6 月底前启动，之后持续实施

续表

序号	重点任务	具体内容	主责单位	协办单位	时间安排与要求
15	拓展城乡公共文化空间	积极引领城乡群众文化活动，促进文化演艺活动社区化、生活化，弘扬主旋律，激发正能量	市文化局	首都文明办、市社会办、市文联，各区县政府	2015年6月底前启动，之后持续实施
16	创新文化金融服务产品	鼓励金融机构创新提供文化金融综合服务，通过信用担保、融资租赁等多种方式支持文化创意和设计服务企业发展，积极开展无形资产抵（质）押贷款业务，拓宽贷款抵（质）押物范围	市金融局	市文资办、市知识产权局、北京银监局、北京证监局、北京保监局	2015年启动，之后持续实施
		加快推进北京保险产业园建设，鼓励保险公司开发更多文化类保险产品	市金融局	市新闻出版广电局、市知识产权局、市司法局、北京保监局	2015年启动，之后持续实施
		支持金融机构开展文化资产证券化试点，规范引导互联网融资平台投资文化创意和设计服务领域	市金融局	市文资办、北京银监局、北京证监局	2015年启动，之后持续实施
17	完善文化金融服务组织	鼓励金融机构建立文化金融专业部门、专营机构	市金融局	市文资办、北京银监局、北京证监局、北京保监局	2015年6月底前启动，之后持续实施
		搭建文化金融中介服务平台，提供项目对接、信息资讯、业务培训等服务	市金融局	市文资办	2015年启动，之后持续实施
		加快建设北京文化产权交易中心，构建面向全国的文化资源要素市场和交易平台	市文资办	市文化局、市金融局、北京海关，东城区政府、顺义区政府，各相关单位	2015年启动，之后持续实施

续表

序号	重点任务	具体内容	主责单位	协办单位	时间安排与要求
18	优化文化金融服务环境	加快构建文化创意产业信贷担保、投融资等金融服务平台	市文资办	市金融局、北京银监局、北京证监局、北京保监局，相关区县政府	2015年6月底前启动，之后持续实施
		引导金融机构健全文化企业融资信用评级制度，完善贷款利率定价机制和业务风险管理机制	市金融局	市文资办、北京银监局	2015年启动，之后持续实施
		依托全国中小企业股份转让系统和北京股权交易中心等服务平台，支持文化创意企业上市融资，培育资本市场的北京文化板块	市文资办	市金融局、中关村管委会、北京证监局，相关区县政府	持续实施
19	提升传统商业业态	鼓励商场、餐饮、酒店等企业强化创意设计，提供具有文化特色的体验式消费项目	市商务委	市科委、市旅游委、市文资办	持续实施
		引导传统书店、电影院、演艺场所等引入特色文化资源，打造商务服务与休闲文化高度融合的综合消费场所	市新闻出版广电局	市商务委、市文化局、市文资办	持续实施
		深入挖掘老字号企业的传统文化内涵，鼓励其利用互联网拓展营销渠道，增强老字号品牌的文化传承力和影响力	市商务委	市科委、市旅游委、市文化局、市国资委	2015年6月底启动，之后持续实施
		鼓励商贸企业利用现代流通方式，发展定制服务、无实体店铺销售等新业态，推行标准化、连锁化经营	市商务委	市发展改革委	持续实施

续表

序号	重点任务	具体内容	主责单位	协办单位	时间安排与要求
20	培育创意商务服务	鼓励发展“创客空间”“创新工场”等新型孵化服务业态，组建创意设计服务联盟，建设一批创意孵化楼宇和特色商务街区	市科委	市商务委、市文资办、中关村管委会	持续实施
		鼓励在各类知识产权和版权交易平台、技术交易平台、电子商务平台设立创意设计服务板块，促进创意成果转化	市科委	市经济信息化委、市文资办、市知识产权局、中关村管委会	2015 年 6 月底前启动，之后持续实施
21	拓展融合消费空间	支持文化创意产业功能区设立文化消费体验区，引导提供个性化、细分化的文化产品和服务，促进文化市场供需衔接	市文资办	市发展改革委、市商务委	2015 年 6 月底前启动，之后持续实施
		鼓励文化类电子商务平台发挥技术、信息优势，积极开发移动支付结算系统	市商务委	市文资办	持续实施
22	加强设计服务应用	鼓励和推动在京企业、科研院所建设设计创新中心，争创一批国家级工业设计中心	市科委	市发展改革委、市经济信息化委、市国资委、中关村管委会、经济技术开发区管委会	持续实施
		深入实施首都设计提升计划	市科委	市发展改革委、市经济信息化委、市国资委、中关村管委会	持续实施
		办好北京国际设计周等特色品牌活动	市文资办	市科委，相关区县政府	持续实施
		加快推进中关村科技园区西城园和中国设计交易市场建设	市科委	西城区政府	持续实施

续表

序号	重点任务	具体内容	主责单位	协办单位	时间安排与要求
23	培育制造业新业态	推动制造业企业优化在京业务布局，调整疏解低端业态，强化研发、设计等功能，壮大总部经济	市文资办	市发展改革委、市科委、市经济信息化委、市国资委、经济技术开发区管委会	持续实施
		支持服装服饰等传统都市工业构建“创意设计—生产外包—内容服务”商业模式，推动向智能型、服务型转变	市经济信息化委	市科委、市国资委、市文资办	持续实施
		围绕绿色建筑、节能环保、新能源等领域，鼓励实施以设计为龙头的总承包服务	市文资办	市发展改革委、市科委、市经济信息化委、市环保局、市住房城乡建设委、市国资委、市园林绿化局	持续实施
24	推广新型制造模式	把握“互联网＋”发展新趋势，推动移动互联网、云计算、大数据、物联网等与现代制造业相结合，加快催生新技术、新产品、新模式、新业态	市经济信息化委	市发展改革委、市科委、市国资委、中关村管委会	持续实施
		顺应市场需求和现代生活方式，融入传统文化和现代时尚元素，强化创意设计在产品创新、品牌建设、营销策划等方面的作用，激发个性消费和定制服务需求，提高产品附加值	市文资办	市发展改革委、市科委、市经济信息化委、市商务委、市国资委	持续实施

续表

序号	重点任务	具体内容	主责单位	协办单位	时间安排与要求
25	培育农业休闲新业态	围绕农业生产、农民劳动和农村风貌，推进农业与文化创意、科技发展、生态建设等融合，培育集农业观光、体验、科教及文化传承于一体的农业经济新业态	市农委	相关区县政府	2015年启动，之后持续实施
		加强创意科普和科技惠农，办好北京农业嘉年华等活动，推动都市农业、会展农业融合发展	市农委	市科委、市科协，相关区县政府	2015年启动，之后持续实施
26	提升农产品附加值	加强大兴西瓜、平谷大桃等特色农产品品牌建设，加大农产品商标和地理标志保护力度，促进特色化、品牌化发展	市农委	相关区县政府	持续实施
		鼓励利用现代信息技术，建立健全相关技术标准、质量追溯体系，创新农产品营销模式，促进产销对接和产业升级	市农委	市质监局，相关区县政府	持续实施
27	提高农村创新创意能力	加强新农村“一村一景”规划指导，大力发展景观农业，建设美丽乡村	市农委	市环保局、市规划委、市市政市容委、市水务局、市园林绿化局，相关区县政府	结合“十三五”规划编制，同步实施
		围绕“土地流转起来、资产经营起来、农民组织起来”，加快促进一、二、三产业融合发展，进一步开发农业新功能，挖掘农业新价值	市农委	市国土局、市商务委、市农业局	2015年6月底前启动，之后持续实施
		提升农民文化创意技能，建设一批专业文化村、技能村	市农委	市文化局，各相关单位	2015年6月底前启动，之后持续实施

续表

序号	重点任务	具体内容	主责单位	协办单位	时间安排与要求
28	强化财税政策引导机制	严格落实国家关于推进文化创意和设计服务与相关产业融合发展的税收政策	市财政局	市地税局、市国税局	2015 年初启动，之后持续实施
		建立文化创意和设计服务与相关产业融合发展的园区（基地）、企业、产品评定标准，通过财政补贴、贷款贴息、政府购买服务等方式给予支持	市文资办	市发展改革委、市科委、市经济信息化委、市财政局、中关村管委会	2015 年 6 月底前启动，之后持续实施
		鼓励引导社会资本设立产业融合发展基金	市文资办	市财政局	2015 年 6 月底前启动，之后持续实施
29	健全知识产权经营机制	深入实施首都知识产权战略，搭建知识产权和版权服务平台，加强知识产权和版权交易登记备案	市知识产权局	市科委、市文资办	持续实施
		鼓励有条件的区县设立知识产权和版权快速维权机构，健全知识产权和版权的创新、运营和保护体系	市知识产权局	市科委，相关区县政府	持续实施
		参照中关村自主创新示范区股权激励政策，探索文化创意和设计服务资产化路径	市文资办	市科委、中关村管委会	2015 年 6 月底前启动，之后持续实施
		开展知识产权运营基金试点工作	市文资办	市财政局、市金融局、市知识产权局、北京银监局	持续实施

续表

序号	重点任务	具体内容	主责单位	协办单位	时间安排与要求
30	优化创意人才培养机制	制定文化创意和设计服务人才发展规划，确立人才评定标准和激励政策	市文资办	市教委、市人力社保局	2015 年初启动
		建设文化创意职业技能人才培训基地	市文资办	市教委、市人力社保局	持续实施
		通过与国际知名培训机构共建合作，培养一批高层次、复合型、国际化的文化创意和设计服务人才	市文资办	市人力社保局、市政府外办	2015 年 6 月底前启动，之后持续实施
		举办创意设计竞赛活动，促进创新成果展示交易	市文资办	市科委、市经济信息化委	2015 年 6 月底前启动，之后持续实施
31	落实项目建设保障机制	支持以划拨方式取得土地的单位利用存量房产、原有土地兴办文化创意和设计服务，在符合城乡规划前提下土地用途和使用权人可暂不变更，连续经营一年以上，符合划拨用地目录的，可按划拨土地办理用地手续；不符合划拨用地目录的，可采取协议出让方式办理用地手续	市国土局	市发展改革委、市规划委、市住房城乡建设委	持续实施
		完善农村土地管理制度，在符合规划和用途的前提下，研究探索农村集体经营性建设用地通过出让、租赁、入股等方式，发展文化创意和设计服务与农业融合项目	市国土局	市规划委、市农委	2015 年 3 月底前启动，之后持续实施

续表

序号	重点任务	具体内容	主责单位	协办单位	时间安排与要求
31	落实项目建设保障机制	鼓励利用老旧厂房、腾退仓库、废弃矿山以及闲置商业设施等资源，发展文化创意和设计服务	市文资办	市发展改革委、市科委、市经济信息化委、市国土局、市规划委、市住房城乡建设委	2015 年 3 月底前启动，之后持续实施
32	构建企业成长培育机制	发挥中小企业发展专项资金作用，进一步支持文化创意和设计服务企业发展壮大，促进产业融合发展	市经济信息化委	市发展改革委、市科委、市文资办，各区县政府	持续实施
		重点培育一批创意内涵多、增长潜力大、带动效果好的企业	市文资办	各相关单位	2015 年 6 月底前启动，之后持续实施
		加快文化创意和设计服务领域的国有企业股份制改造和事业单位分类改革，支持引进社会资本，以参股、控股、收购、兼并等形式实现跨地区、跨行业战略重组	市文资办	市发展改革委、市科委、市经济信息化委、市国资委、市金融局	2015 年 6 月底前启动，之后持续实施
33	完善对外合作开放机制	加快国家对外文化贸易基地建设，搭建跨境电子商务云服务平台，不断扩大对外文化贸易	市文资办	市经济信息化委、北京海关、市贸促会，顺义区政府	2015 年初启动，之后持续实施
		实施“走出去”战略，鼓励企业积极开拓国际市场，参加国际知名创意和设计评选活动，参与制定国际标准	市文资办	市科委、市商务委、市金融局、北京海关、市贸促会	持续实施

续表

序号	重点任务	具体内容	主责单位	协办单位	时间安排与要求
34	完善统计评估服务机制	加强文化创意和设计服务类产业的统计监测与分析工作，完善相关统计指标体系	市统计局	市文资办，各相关单位	2015 年启动，之后持续实施
		建立融合发展项目、企业、园区（基地）数据库，强化融合发展绩效分析	市文资办	各相关单位	2015 年 6 月底前启动，之后持续实施
		研究发布产业融合发展评价指数和融合发展报告	市文资办	各相关单位	2015 年启动，之后持续实施

抄送：市委各部门，北京卫戍区。

市人大常委会办公厅，市政协办公厅，市高级人民法院，市人民检察院。

各民主党派北京市委和北京市工商联。

北京市人民政府办公厅　　　　2015 年 4 月 10 日印发

北京市统计局、国家统计局北京调查总队、北京市国有文化资产监督管理办公室关于印发《北京市文化创意产业功能区统计监测实施方案》的通知

各区县及北京经济技术开发区统计局、调查队，各区县文化创意产业功能区主管单位：

为了推进文化创意产业功能区统计监测工作，准确反映我市文化创意产业功能区发展状况，北京市统计局、国家统计局北京调查总队与北京市国有文化资产监督管理办公室联合制定了《北京市文化创意产业功能区统计监测实施方案》。现印发给你们，请认真贯彻执行。

北京市统计局　国家统计局北京调查总队

北京市国有文化资产监督管理办公室

2015 年 8 月 11 日

北京市文化创意产业功能区统计监测实施方案

一、监测目的

文化创意产业功能区（以下简称“功能区”）是推进北京市文化创意产业发展的重要载体和动力引擎。根据《北京市文化创意产业功能区建设发展规划(2014—2020年)》（京政发〔2014〕13号）部署要求，为准确掌握我市文化创意产业功能区发展状况，科学开展功能区统计监测，特制定本方案。

二、监测范围

监测范围为全市20个文化创意产业功能区内经营的文化创意产业法人单位和个体经营户。在功能区注册登记，但在功能区区域范围以外经营的，不纳入该功能区的统计监测范围。功能区区域范围以《北京市文化创意产业功能区空间规划示意图》为准。北京市文化创意产业功能区名录详见附件。

三、监测内容

法人单位的监测内容包括行业类别、所在地区划、登记注册类型、隶属关系、机构类型、营业状态、从业人员等基本情况，以及营业收入、营业成本、销售费用、管理费用、财务费用、利润总额等财务状况。个体经营户的监测内容包括营业收入、从业人员等。

四、监测频率

文化创意产业功能区统计监测分为年度监测和季度监测。

1. 年度监测：经济普查年度监测对象为功能区内全部文化创意产业法人单位和个体经营户；非经济普查年度监测对象为功能区内规模（限额）以上文化创意产业法人单位。监测内容为上述全部统计监测指标数据。

2. 季度监测：监测对象为功能区内规模（限额）以上文化创意产业法人单位，监测内容为财务状况数据。

五、实施方式

依托现行常规统计调查体系，按照文化创意产业功能区单位名录，利用常规统计调查数据，定期汇总测算全市功能区发展情况等数据。

六、职责分工

（一）政府统计部门职责

1. 北京市统计局、国家统计局北京调查总队负责制定和完善功能区统计监测实施方案和监测指标体系，按年度认定功能区文化创意产业调查单位，定期采集、审核、汇总、发布功能区统计监测数据，开展功能区发展情况统计分析。

2. 各区县及北京经济技术开发区统计局、调查队负责本区域内各相关功能区监测数据的定期采集、审核、汇总、分析等工作。

（二）文化创意产业管理部门职责

1. 北京市国有文化资产监督管理办公室负责功能区四至范围的确定，包括因城市总体规划、产业整体布局调整等因素引起的功能区四至范围变化而进行的重新确定；协助市统计部门做好功能区文化创意产业调查单位的认定、数据发布、统计分析等工作。

2. 各区县文化创意产业功能区主管单位负责协助北京市国有文化资产监督管理办公室开展本区县功能区文化创意产业调查单位的认定工作。

北京市文化创意产业功能区名录

代码	功能区名称	功能区面积（平方公里）
1000	两条主线	142.49
1100	文化科技融合主线	134.37
1110	文化科技融合示范功能区	122.93
1111	中关村海淀园部分区域（海淀区）	114.34
1112	首钢主厂区（石景山区）	8.59
1120	动漫网游及数字内容功能区	11.44
1121	中关村石景山园部分区域（石景山区）	4.63
1122	中关村雍和园北区（东城区）	1.51
1123	三间房国家动漫产业基地（朝阳区）	3.58
1124	中国动漫游戏城（丰台区）	1.72
1200	文化金融融合主线	8.12
1210	文化金融融合功能区	8.12
1211	金融街片区（西城区）	3.97
1212	中关村雍和园南区（东城区）	4.15
2000	七大板块	302.68
2100	文化艺术板块	44.66
2110	天坛—天桥核心演艺功能区	4.36
2111	天坛、天桥周边区域（东城区、西城区）	4.36
2120	戏曲文化艺术功能区	14
2121	卢沟桥周边区域（丰台区）	14
2130	798 时尚创意功能区	8.43
2131	大山子及电子城东区（朝阳区）	8.43

续表

代码	功能区名称	功能区面积（平方公里）
2140	音乐产业功能区	17.87
2141	西山文化创意大道（海淀区）	2.32
2142	中国乐谷（平谷区）	10
2143	中国唱片总公司创作园（东城区、西城区）	0.23
2144	1919 音乐文化产业基地（朝阳区）	0.03
2145	钧天坊（大兴区）	0.01
2146	九棵树周边区域（通州区）	5.28
2200	传媒影视板块	131.37
2210	CBD- 定福庄国际传媒产业走廊功能区	78
2211	CBD- 定福庄沿线区域（朝阳区，含三间房国家动漫产业基地片区、1919 音乐文化产业基地片区）	78
2220	影视产业功能区	18.98
2221	北影、新影集团厂区（西城区、海淀区）	0.82
2222	中国（怀柔）影视基地（怀柔区）	18
2223	星光影视园（大兴区）	0.16
2230	新媒体产业功能区	34.39
2231	国家新媒体产业基地（大兴区）	9.84
2232	中关村电子城西区、北区（朝阳区）	8.11
2233	垡头产业基地（朝阳区）	10.71
2234	北京数字电视产业园（大兴区亦庄地区）	5.73
2300	出版发行板块	13.67
2310	出版发行功能区	13.67
2311	中关村德胜园部分区域（西城区）	0.95

续表

代码	功能区名称	功能区面积（平方公里）
2312	朝内大街区域（东城区）	0.65
2313	北京国家数字出版基地（丰台区）	8.12
2314	北京台湖出版物会展贸易中心（通州区）	0.29
2315	中国出版创意产业基地（朝阳区）	0.26
2316	北京印刷包装产业基地（大兴区）	3.39
2317	雅昌印刷标准化（胶印）技术应用研究与推广基地（顺义区）	0.01
2400	设计服务板块	16.76
2410	创意设计服务功能区	16.76
2411	中关村德胜园部分区域（西城区）	1.43
2412	展览路周边区域（西城区、海淀区）	2.72
2413	北京（永外）时尚创意产业基地（东城区）	3.33
2414	中国设计瑰谷（大兴区）	2.66
2415	中关村石景山园设计组团（石景山区）	0.15
2416	大红门周边区域（丰台区）	6.47
2500	文化交易板块	26.87
2510	天竺文化保税功能区	0.16
2511	保税区二期部分区域（顺义区）	0.16
2520	文化艺术品交易功能区	26.71
2521	潘家园周边区域（朝阳区）	2.77
2522	美术馆－隆福寺高端艺术品交易区（东城区）	0.31
2523	琉璃厂周边区域（西城区）	0.85
2524	报国寺周边区域（西城区）	0.05

续表

代码	功能区名称	功能区面积（平方公里）
2525	宋庄区域（通州区）	19.93
2526	北京宝玉石文化博览交易中心（门头沟区）	2.8
2600	会展活动板块	38.09
2610	会展服务功能区	10.64
2611	顺义国展产业园（顺义区）	6.34
2612	老国展区域（朝阳区）	0.23
2613	农业展览馆区域（朝阳区）	0.36
2614	北京展览馆区域（西城区）	0.1
2615	东坝国际商贸中心区（朝阳区）	3.5
2616	雁栖湖国际会展中心（怀柔区）	0.11
2620	奥林匹克公园文化体育（会展）融合功能区	27.45
2621	奥林匹克公园及周边区域（朝阳区）	27.45
2700	文化休闲板块	31.26
2710	北京老字号品牌文化推广功能区	3.32
2711	大栅栏－前门－王府井周边区域（东城区、西城区）	3.32
2720	未来文化城功能区	14.42
2721	未来文化城（昌平区）	14.42
2730	主题公园功能区	13.52
2731	欢乐谷（朝阳区）	1
2732	北京国际旅游度假区（通州区）	12.05
2733	世界公园（丰台区）	0.47
2740	历史文化和生态旅游功能区	不计面积

续表

代码	**功能区名称**	**功能区面积（平方公里）**
2741	历史文化和生态旅游功能区（海淀区、石景山区、门头沟区、房山区、昌平区、怀柔区、密云县、延庆县）	
合计		441.56

注：CBD- 定福庄沿线区域面积包含了三间房国家动漫产业基地、1919 音乐文化产业基地共计 3.61 平方公里的面积，总面积中未重复计算。

京文资党委发〔2015〕1号

市文资办党委关于印发《北京市文资办机关调动、借调和挂职工作人员管理办法（试行）》的通知

各处室、中心：

为进一步加强我办调动、借调和挂职人员工作管理，规范和完善办理程序及手续，确保工作人员合理有序流动，根据干部人事管理有关规定，经我办党委会研究同意，现将《北京市文资办机关调动、借调和挂职工作人员管理办法（试行）》发至你处，请结合实际认真贯彻执行。

特此通知。

北京市文资办党委

2015年5月19日

北京市文资办机关调动、借调和挂职工作人员管理办法（试行）

为进一步加强我办调动、借调和挂职人员工作管理，规范和完善办理程序及手续，确保工作人员合理有序流动，根据干部人事管理有关规定，结合工作实际，特制定本办法。

一、调动工作人员条件及程序

（一）调入我办的工作人员条件

1. 严格按照《中华人民共和国公务员法》《公务员录用规定（试行）》（国人部发〔2007〕134 号）和《北京市公务员录用实施办法（试行）》（京组通〔2009〕32 号）等文件规定执行。

2. 在规定的编制限额和职数内进行，并有相应的职位空缺。

3. 坚持公开、平等、竞争、择优的原则，按照德才兼备的标准，采取考试与考察相结合的方法进行。

（二）调入我办的工作人员办理程序及手续

1. 由人事处会同用人处室提出岗位条件，经文资办分管领导及主管领导同意后，按照市人力资源和社会保障局相关规定，以公开招考和公开招聘等形式进行选拔，并提交文资办党委研究同意后，由人事处开具《干部商调函》，在规定期限内，调入人员持调令回原单位办理调动手续。

2. 调入人员持原单位开具的行政介绍信、工资介绍信、党组织关系介绍信、工会介绍信、转递档案材料通知单及本人档案（密封携带）等有关材料到人事处报到。

3. 人事处接收材料齐全后，办理转任、调任手续。

（三）调出我办的工作人员办理程序及手续

1. 干部的调出应事前报告分管办领导及主要领导。

2. 人事处接到干部新调入单位开具的商调函后，应及时报文资办党委研究，党委研究同意调出后，人事处应及时告知纪检监察处进行相关信访件的清理并同意后，由人事处为其办理行政、工资关系、组织关系和档案转移手续，自关系办理下月起停发工资，停缴保险、公积金及住房补贴。

3. 如本人因个人原因提出辞职的，经所在处室和分管办领导同意后，提前 30 日向人事处提交辞职申请，由人事处向分管人事的办领导报告，批示同意后为其办理相应离职手续。

4. 凡调到本市系统内的，由人事处登录“北京市人事系统电子政务信息平台”提交转任申请；凡调出本市系统的，人事处在信息平台的“减员业务管理”中提交减员申请。

5. 手续办理完成后，调出人员持相关材料到调入单位报到。

二、借调工作人员条件及程序

（一）借调到我办的工作人员条件

各处室应根据处室现有在编在岗人员情况，科学合理分配工作任务，确因特殊原因需借调人员帮助工作的，应符合以下情况及条件：

1. 本处室编制空缺，现有人员不能满足工作需要。

2. 因接受新工作任务而导致的工作量骤增，且无法在短时间内配齐人员。

3. 本处室人员有 3 个月及以上的病事假或其他原因不能在本岗位履行职责的情况。

4. 借调人员应为原单位正式人员，遵纪守法，作风正派，具有责任感和奉献精神，具备借调处室所需要的工作能力和基本条件。

5. 借调人员身体健康, 大学本科以上学历。

6. 每处室借调人员原则上不超过 2 人。

（二）借调到我办的工作人员办理程序及手续

1. 机关各处室确因工作需要借调人员的，经分管办领导同意后，填写《北京市文资办机关借调人员情况登记表》（附件 1）和《北京市文资办机关借调工作人员审批表》（附件 2），并提交人事处进入联审程序。

2. 人事处对审批表中相关情况进行审核，如无异议，报分管人事的办领导审核。

3. 报办主要领导批示同意后，由借用人员处室会同人事处根据借调需求与借出人员单位沟通，向借调单位发借调函。

4. 借调时间原则上不超过 6 个月，各处室要严格按借调期限控制时间。确因工作需要延长借调时间的，借用人员处室应提前 30 天向人事处提出书面申请延长借调时间；缩短借调时间的，应提前向人事处报送情况说明。借调结束，填写《北京市文资办机关工作人员离岗审批表》（附件 3）。

（三）借调出我办的工作人员办理程序及手续

1. 借调人员须经所在处室负责人和分管办领导同意后，持借调单位开具的《借调函》交人事处，写明借调事由和时间，由人事处报分管人事的办领导审核并报请办主要领导同意后，方可办理借调手续。

2. 借调时间原则上不超过半年。确因工作需要延长借调时间的，借调单位应提前 30 天向人事处提出申请延期的书面函；缩短借调时间的，应提前向人事处报送情况说明。

3. 借调工作完成后，借调人员填写《北京市文资办机关借调工作人员鉴定表》（附件 4），由借调的单位盖章，报人事处备案。

三、挂职工作人员条件及程序

（一）我办工作人员挂职条件

根据全市干部挂职工作总体部署，按照市委组织部、市委宣传部挂职条件要求，结合我办干部队伍建设情况，可安排我办工作人员到其他单位挂职，挂职期限按上级部门要求而定。

（二）我办工作人员挂职工作办理程序及手续

根据挂职条件要求，结合我办实际情况，在综合各方面意见基础上，经党委会研究同意后，可办理挂职手续。

（三）挂职到我办的工作人员办理程序及手续

挂职到我办的工作人员，填写《北京市文资办挂职干部登记表》（附件5）交人事处备案。

四、人员管理

（一）调动、借调、挂职工作人员应严格按照我办规定要求，履行各项手续，不得瞒报信息、简化程序。

（二）调动人员工资、福利等各项待遇起止时间以开具的行政、工资介绍信时间为准；借调人员工资、福利等各项待遇均由借出人员单位负责；我办工作人员外出挂职的，人事关系不动；挂职到我办的工作人员，人事关系保留在原单位。

（三）借调人员是中共党员的，且借调期限在6个月以上，需将党组织关系转至借用人员处室所在党支部，待借调结束后再转回借出单位党委（支部）；挂职工作人员，按照单位要求应把党组织关系转到现挂职的单位，参加现挂职单位的组织活动。

（四）借调、挂职工作人员年度考核由原单位负责，由借入单位和挂入单位对借调、挂职工作人员的工作情况作出鉴定，作为原单位对该同志年度考核的依据。

（五）安排到我办的借调和挂职工作人员原则上不得从事涉密岗位、关键岗位工作。如确有需要在重要岗位帮助工作的，需由用人处室组织填写《涉密岗位承诺书》（附件6），并于人员到岗一周内交综合处及人事处备案。

（六）借调、挂职工作人员休病事假的，依照文资办病事假报批程序进行报批，人事处将《机关工作人员休假审批表》交予借调和挂职工作人员原单位；借调、挂职到外单位的我办工作人员休病假、事假、年假的，应按照外单位的要求执行，并同时将休病假、事假和年假情况报文资办人事处备案。

（七）各处室具体负责借调和挂职工作人员的日常管理工作，明确纪律要求，做好安全教育，合理分工，科学安排，切实避免因人设事、人浮于事现象的发生。

五、物品配备及管理

（一）调入、借入和挂职到我办的工作

人员报到后，持人事处开具的《北京市文资办新入职工作人员通知单》（附件7）办理以下具体事项：

1. 员工卡领取

综合处为新报到的工作人员办理员工卡，员工卡为实名制，办理时须提供2寸蓝底电子版证件照一张；人员调出时，员工卡退回综合处。

2. 办公用品领用

综合处为新报到的工作人员配备基本办公用品。后续办公用品领用通过所在处室联络员每月最后一周在OA系统中申领。

3. 办公设备及办公家具配备

各处室目前已按人员编制将办公设备和办公家具配备到位。新入职工作人员到岗时，处室原编制未满时，办公设备及办公家具由所在处室自行调配使用；处室原编制已满时，办公设备及办公家具由综合处进行调配。

4. 车辆出入办理

停车证已按照规定全部发放至各处室，由各处室自行调配使用。原则上只为新调入副局级及以上领导办理车辆出入事项，处级及以下工作人员的停车事项由所在处室自行调配。

5. 电话、网络权限使用

电话机随办公设备一起发放，号码调整由综合处办理。内网及外网的权限使用，经综合处、人事处确认人员后，由信息中心负责办理。

6. 交接手续办理

借调期满和挂职期满后，借调和挂职工作人员应做好工作交接工作，经所在处室、综合处、监察处、信息中心审核确认后，凭工作交接清单到人事处办理相关手续。

7. 根据主管领导批示意见需要办理的其他事项。

（二）调出、借出和挂职到外单位的我办工作人员，持人事处开具的《北京市文资办机关工作人员离岗通知单》（附件8）办理以下具体事项：

1. 调出人员须做好电脑、U盘等办公设备及文件档案资料等物品的交接工作，经所在处室、综合处、监察处、信息中心核定确认后，人事处为其办理关系转出手续。

2. 借出和挂职到外单位的我办工作人员，在借调和挂职前，须做好电脑等办公设备及文件档案资料的规整工作，强化安全意识，重要文件或资料按规定存放交接，不得随意处置销毁。

六、纪律与监督

（一）在办理调动、借调、挂职工作过程中，必须依法办事、公道正派、公开透明，严格遵守组织人事纪律；存在应当回避情形的，按照有关规定执行。

（二）各处室要严格按照本办法执行，加强人员的管理和使用，严格履行程序和手续，不得擅作主张、任意变更，凡违反本办法的，将追究有关人员的责任。

（三）借调和挂职工作人员应严格遵守国家法律法规和各项规章制度，服从借入和挂职单位管理，认真完成工作任务。凡违反借入和挂职单位有关管理规定，玩忽职守、贻误工作，不服从领导以致造成不良影响的，将视情节轻重依法、依规、依纪按管理权限和程序予以相应处分。

（四）借调和挂职工作人员期满后，一律回原单位工作，由所在单位妥善安排工作，不得以任何借口提出其他安置要求。

七、附则

（一）市文资办所属事业单位参照本办法执行。

（二）本办法由市文资办人事处负责解释。

（三）本办法自发布之日起执行。

附件（略）

市文资办综合处　　　　2015年5月20日印发

京文资党委发〔2015〕2号

市文资办党委关于印发《中共北京市国有文化资产监督管理办公室委员会工作规则（试行）》的通知

各处室、中心：

现将《中共北京市国有文化资产监督管理办公室委员会工作规则（试行）》印发给你们，请结合实际认真贯彻落实。

北京市文资办党委

2015年2月9日

中共北京市国有文化资产监督管理办公室委员会工作规则

（试行）

第一章　总　则

第一条　为认真贯彻执行党的路线、方针、政策，充分发挥党对社会主义文化大发展大繁荣的领导作用，深入贯彻落实习近平总书记系列重要讲话精神、“四个全面”战略布局和北京市“四个中心”功能定位要求，根据《中国共产党章程》和有关法律法规，结合北京市国有文化资产监督管理办公室工作实际，制定本规则。

第二条　中共北京市国有文化资产监督管理办公室委员会（以下简称“市文资办党委”）在中共北京市委直接领导下开展工作。市文资办党委实行民主集中制，向市委负责并报告工作，是市文资办和所监管企事业单位的领导核心和政治核心。

第二章　工作职责与分工

第三条　市文资办党委的工作职责是：

1. 传达贯彻党中央和北京市委的各项方针、政策和有关指示、决定，研究决定贯彻市委决议、决定、指示的落实意见和实施措施；

2. 研究审定北京市国有文化资产监督管理的总体工作思路、中长期发展规划、改革调整重组方案、重大决策、重大项目安排及年度资金计划，所监管企业负责人的管理体制、机制改革措施，办机关自身建设的制度、规定等涉及改革发展的整体性、综合性、战略性的重大问题；

3. 按照干部管理权限和有关政策法规，研究并决定机关干部的任免、考核、奖惩，酝酿并研究推荐后备干部人选；

4. 按照干部管理权限和有关政策法规，研究并决定所监管企业干部的任免、考核、奖惩，酝酿并研究推荐后备干部人选；

5. 研究指导所监管企业及非公文化企业党的建设和社会主义精神文明建设工作，审批各监管单位党代会召开和党委、纪委组成人选，研究审定所监管单位人民代表、政协委员推荐人选，市级劳动模范、优秀共产党员等的人选；

6. 研究审定需以办党委名义呈报市委、市文化改革和发展领导小组、市委宣传部的重要请示、报告；研究审定党委年度工作要点、计划、总结及需下发的重要文件和决定；

7. 研究部署党风廉政建设和反腐败工

作，贯彻落实中央和市委市政府关于党风廉政建设有关规定，建立健全本单位科学有效的权力运行机制和廉政风险防控的监督机制，实行党风廉政建设责任制；

8．研究审定机关、直属单位及所监管单位的老干部、统战、工会、共青团、妇联工作的指导意见，听取监管企业工作报告；

9．研究审定所监管单位社会治安和维护社会稳定工作的指导性意见；

10．研究决定市委交办的其他重要工作以及需经市文资办党委集体决定的其他问题。

第四条　市文资办党委书记负责党委全面工作，签发以党委名义制发的各类文件；党委副书记协助党委书记工作，党委书记离京期间应委托党委副书记主持党委工作；党委成员协助党委书记分管某一方面的工作，受党委书记委托进行内、外事活动。

第三章　工作原则

第五条　坚定正确的政治方向，思想上政治上行动上始终同党中央保持高度一致，站在首都改革发展稳定大局的战略高度谋划文创产业；认真学习贯彻中央的指示精神，树立牢固的政治意识，坚决维护中央的权威，确保政令畅通；谋大事、抓大事，想问题自觉把握首都的城市战略定位，做决策自觉考虑中央的要求和广大人民群众的期待，抓工作自觉坚持首善标准。

第六条　坚持民主集中制。党委实行集体领导和个人分工负责相结合的制度，凡属重大问题须按照集体领导、民主集中、个别酝酿、会议决定的原则，集体讨论做出决定。凡代表党委发表的意见，必须符合党委的决定。

第七条　坚持党要管党、从严治党。认真贯彻执行《中国共产党纪律处分条例》《中国共产党党内监督条例（试行）》《中国共产党党员领导干部廉洁从政若干准则》《党政领导干部选拔任用工作条例》和中共北京市委《实施<中国共产党党内监督条例（试行）>监督制度的若干规定（试行）》等党内法规，严格自律，自觉接受干部群众的监督。

第八条　坚持讲政治、讲团结、讲奉献、讲大局。党委成员应自觉维护党委的团结，互相信任，互相支持，互相帮助，互相监督，形成既有集中又有民主的好局面。

第九条　坚持解放思想、开拓创新。按照中央和市委的要求，以高度的文化自觉和文化自信，解放思想，开拓创新，积极建设中国特色社会主义先进文化之都，努力推进具有世界影响力的文化中心城市建设，更加自觉地承担起满足人民群众更高精神文化需求的重任。

第四章　会议制度

第十条　党委会参加人员为党委书记、副书记、纪委书记、党委委员。党委会由党委书记主持，会议应有半数以上党委成员到会方能举行；讨论干部任免等重大事项时应有 2/3 以上党委成员到会方能举行。会议议题由党委书记审定，会议材料由有关处室、直属单位报经主管党委成员审核后，于会前交综合处分送党委成员。列席人员由会议主持人根据工作需要确定，必要时可召开党委扩大会议。党委书记外出时，市文资办党委会由党委书记委托办党委副书记主持。党委会原则上每月召开一次，如遇特殊情况，可临时召集或推迟召开。

综合处负责党委会会议记录。会议决议形成后，通过会议纪要、通知等文件形式，经报党委书记签发后，按规定范围上报、下发和存档备案。会议决定或议定的事项，由会议责成负责的领导同志组织实施。综合处对落实情况进行督促检查。涉及人事任免的党委决议，应按照《党政领导干部选拔任用工作条例》规定的要求和程序办理。对任免对象的考查材料等应在会前分送党委成员审阅。涉及机关人事任免工作的议题由人事处负责有关会议及纪要；涉及监管企业的人事任免事项由企领处负责有关会议及纪要。

第十一条 党委民主生活会原则上每年召开一次。民主生活会由党委书记主持，党委成员参加。会前由机关党委广泛征求各方面的意见，人事处（机关党委）按规定提前向上级党的机关报告会议时间，会后按规定上报会议情况。党委对群众提出的意见要认真研究，制定整改措施，并采取适当方式及时向群众反馈。

第十二条 党委理论中心组学习由党委书记或副书记主持，党委成员、行政领导班子成员、处室负责同志等参加。原则上每月集中学习一次。党群处负责起草全年学习计划，报党委讨论通过；并根据学习计划准备学习材料，邀请老师，组织会议，做好记录工作。党委书记要带头讲党课。

第十三条 党委成员无正当理由不得缺席党委会议、党委民主生活会和党委理论中心组学习。因故不能参加上述会议，应在会议前向党委书记请假，会议后由党委书记或副书记向其通报会议情况，如有不同意见可以向党委书记说明。

第五章 议事制度

第十四条 党委必须实行科学决策、民主决策、依法决策，认真执行议事和决策规则、程序。凡属党委职责范围研究的重要问题，必须经党委会议集体讨论决定。

第十五条 党委会讨论决定重要问题，应在深入调查研究、广泛听取意见的基础上，经集体充分酝酿讨论，按照少数服从多数的原则决定。意见不统一时，应暂缓做出决定；紧急情况下必须做出决定的，应依照党章相关规定进行表决。

第十六条 党委成员在集体讨论决定问题时应畅所欲言，充分发表个人意见，积极参与决策；对党委会议的决定，党委成员必须坚决执行；如有不同意见，可以声明保留个人意见，也可向上级党委报告；但在没有做出新决定前，必须认真落实，履行职责，不得有与党委会议决定不一致的言行。

第十七条 对党委会议决定的事项，党委成员要按照党委会议确定的分工，各负其责，密切配合，抓好落实。党委成员要履行好分管工作的职责，从文资办工作的大局出发，思考研究推动分管工作；党委成员之间要加强沟通，对分管范围以外的工作，要关心、支持和配合，主动提出意见和建议。

第六章 党风廉政建设

第十八条 党委成员要牢固树立党章意识，用党章规范言行，在任何情况下做到政治信仰不变、政治立场不移、政治方向不偏，忠诚于党，与党同心同德。自觉加强党性和道德修养，心胸开阔、志存高远，坚守共产党人的精神家园和思想情操，真正做到常修为政之德、常思贪欲之害、常怀律己之心。无论是想问题、搞研究，还是作决策、办事情，都站在党和人民立场上，情为民所系、权为民所用，自觉坚持立党为公、执政为民。正确使用手中权力，严格按照党章各项规定办事，真正做到政治上经得起考验、思想道德上保持纯洁。

第十九条 党委成员要带头坚守正道、带头弘扬正气、带头转变工作作风，努力营造良好的从政环境。党委书记要做好表率、管好班子、带好队伍。每个成员要深入调研，突出调研重点，为科学决策、指导工作服务，使党委的决策有更加坚实的群众基础；要密切联系群众，多与干部谈心，多与群众交流，虚心听取意见和建议，党委书记原则上每年要与班子成员、处室领导和直属单位主要领导进行一次谈心，领导班子成员每年至少要与分管部门主要负责人谈话一次。

第二十条 党委成员要严格落实中央八项规定精神和市委的实施意见。对“四风”保持高度警惕，下基层调研轻车简从、减少陪同、简化接待，带头执行中央和市委关于办公用房和住房、车辆配备、公费出国(境)、公务接待等有关规定。严格执行廉洁自律各项规定，如实报告住房、投资及配偶、子女从业等个人重大事项，正确对待和处理名利得失，自觉接受组织监督。要坚决守住做人、处事、用权、交友的底线，主动在思想上划出红线、在行为上明确界限，真正敬法畏纪、遵规守矩，按照中央和市委、市纪委的要求，不出入私人会所，不接受和持有私人会所会员卡。

第二十一条 党委成员要按照“三严三实”的要求，深学、细照、笃行焦裕禄精神，努力做焦裕禄式的好干部。要严以修身、严以用权、严于律己，谋事要实、创业要实、做人要实，言行一致，表里如一，坚决杜绝“圈子文化”和人身依附关系，做到夙夜在公，在其位谋其政，既廉又勤，既干净又干事。树立正确的政绩观，以信念、人格、实干立身，部署工作，重实际、求实效，组织项目活动坚持艰苦奋斗，厉行勤俭节约，严格遵守《中国共产党党员领导干部廉洁从政若干准则》，以自身的良好形象发挥示范带头作用。

第二十二条 党委成员持续深入改进作风，努力改进思想作风、工作作风、生活作风，切实改进学风、文风、会风，建立健全改进作风常态化制度。每年要有一定时间深入基层开展调查研究，解决实际问题。

第二十三条 党委成员要严格遵守执行党的政治纪律和组织纪律，自觉坚持党性原则，自觉接受组织安排和纪律约束。要遵守党内政治生活准则，切实增强政治定力，做到不该说的坚决不说，不该做的坚决不做，坚决反对各种形式的自由主义。要带头坚持重大问题按规定请示报告制度，党委成员未经授权不能代表市文资办党委发布指示，代表市文资办发表讲话、文章，事先需报书记批准，个人发表涉及重大和敏感问题的讲话、文字，接受采访，事先需报书记审批。

第二十四条 党委成员要认真落实双重组织生活会制度，自觉接受纪委和群众的监督。党委每年都要主动向市宣传系统党风廉政建设领导小组和市纪委报告党风廉政建设主体责任的落实情况。党委民主生活会或年终总结，每个成员都要进行述职述廉。党委成员对分管部门党风廉政建设任务要求落实不力、明令禁止行为得不到有效治理造成不良影响的，对干部疏于教育管理监督导致严重后果的，对分管范围内的违纪违法行为知而不报、隐瞒真相的等违反党风廉政责任制的行为，要受到严肃的责任追究。

第七章 附 则

第二十五条 本规则由市文资办党委制定和解释，并对本规则的执行情况进行监督检查和评估。

市文资办综合处　　　　2015年6月8日印发

京文资党委发〔2015〕3号

市文资办党委关于印发《北京市国有文化资产监督管理办公室领导班子落实“三重一大”决策制度办法(试行)》的通知

各处室、中心：

现将《北京市国有文化资产监督管理办公室领导班子落实“三重一大”决策制度办法(试行)》印发给你们，请结合实际认真贯彻落实。

北京市文资办党委

2015年2月9日

北京市国有文化资产监督管理办公室领导班子落实“三重一大”决策制度办法

（试行）

为进一步规范北京市国有文化资产监督管理办公室领导班子“三重一大”(重大决策、重要干部任免、重大项目安排和大额度资金使用)决策制度，加强对“三重一大”决策事项的风险防控和监督管理，根据《中国共产党党章》《中国共产党党内监督条例（试行)》和市委市政府《关于加强风险防控完善区县局级领导班子“三重一大”决策制度的意见》（京办发〔2010〕20号），结合我办实际，制定本试行办法。

一、“三重一大”事项范围

（一）重大决策

重大决策是指应由领导班子集体对涉及权限范围之内的全局性、根本性重大事项做出决策。主要包括：

1. 贯彻落实党的路线方针政策、党内重要法规和国家重要法律法规以及上级重大决策部署等方面的重大事项；

2. 研究党的思想建设、组织建设、作风建设、制度建设、反腐倡廉建设和精神明文建设等方面的重大问题；

3. 研究制定并实施国有文化资产保值增值和文化产业发展战略、中长期规划和年度工作计划，重大政策措施和重要制度的制定修订，本单位年度经费预算、决算及预算调整；

4. 研究决定所监管单位债权债务和国有资产处置、产权重大变更、企业改组改制和利润分配等重要政策和实施方案，直属企事业单位的改革方案等；

5. 研究重大事件处置、重要信访矛盾化解、重大事故处理、重大突发事件应急处理；涉及内部安全稳定和干部职工切身利益的重要事项；

6. 研究以市文资办名义向市委、市政府，市文化改革和发展领导小组，市委宣传部请示报告的重大事项或重要工作；

7. 其他需要集体决策的重大事项。

（二）重要干部任免

1. 按照干部管理权限和有关政策法规，研究并决定机关干部的任免、考核、奖惩，酝酿并研究推荐后备干部人选；

2. 按照干部管理权限和有关政策法规，研究并决定对所监管单位领导人员的任免、考核、奖惩，酝酿并研究推荐后备干部人选；

3. 讨论研究市文资办机关机构设置和调整工作；

4. 其他须经集体决策的重要人事问题。

（三）重大项目安排

1. 研究决定重大文化投资项目、市场开发项目、重大文化宣传促销项目和“文化走出去”项目；

2. 研究决定大宗办公设备采购和固定资产购置，以及大宗资产的使用安排；

3. 研究市委市政府交办的重大文化项目安排；以市文资办名义安排的有较大社会影响力的活动项目；

4. 研究决定规划设计、批后监管、物业管理等重大招商项目、科研项目及对外投资、外包服务项目；

5. 其他重大项目安排。

（四）大额度资金使用

1. 研究并决定提交市文化改革发展领导小组的文化创新发展专项资金支持方案；

2. 研究并决定办机关年度预算、决算、专项经费、大额办公经费（固定支出除外）的调动和使用；

3. 研究并决定基本建设项目投资、国有资产和资源处置、对外大额捐赠等事项；

4. 大型会议、重大活动支出；

5. 机关10万元以上财政资金使用事项。

二、“三重一大”事项决策原则

1. 坚持集体领导、民主集中、个别酝酿、会议决定的原则。除遇重大突发事件和紧急情况外，“三重一大”事项都应集体讨论决定，不得以传阅、会签或个别征求意见等方式代替。会议召开的形式、决策的内容和议事规则，分别按照《中共北京市国有文化资产监督管理办公室委员会工作规则》《北京市国有文化资产监督管理办公室行政工作规则》等有关规定执行。

2. 坚持集体领导和个人分工负责相结合的原则。贯彻民主集中制，充分发扬民主，实行班子成员分工负责，保证权力正确行使，发挥班子的集体智慧和集体合力。

3. 坚持科学、民主、依法决策的原则。注重调查研究，尊重和反映客观规律，广泛听取各方面意见，自觉接受各方面监督，按照法定权限和程序行使权力，确保决策贴近实际，符合文化建设和发展规律。

三、“三重一大”事项决策程序

（一）确定议题

市文资办领导班子通过党委会、主任办公会审议并决策“三重一大”事项，决策程序主要分为酝酿、决策、执行三个阶段，议题经分管领导同意后，提前报领导班子主要负责人确定。

（二）酝酿论证

1. 深入调研。决策“三重一大”事项，会前应由分管领导或主责业务处室牵头，深入调查研究，广泛了解实情。

2. 征求意见。对专业性较强或按规定应经评审的事项，应有专家的建议或评审意见；

对涉及财务问题的事项，应征求财务主管处室意见；对涉及制度规定问题的事项和需签署合同，应征求政策法规处意见，进行合法性审查；对涉及其他业务处室的事项，应征求相关处室的意见；对较复杂的重大事项，在决策前应适时召开专题会议研究，并充分征求班子成员的意见；对于干部任免事项，应严格按照《党政领导干部选拔任用工作条例》执行。事前未协调或经协调仍存在较大分歧的，不得提交领导班子会议讨论。

3. 充分准备。会议召开的时间、议题及上会材料一般应提前通知并送达与会班子成员。与会人员要认真熟悉材料，酝酿意见，做好发言准备。

（三）集体决策

1. 会议必须有 2/3 以上成员出席，党委会由党委书记召集并主持，主任办公会由主任召集并主持。纪检监察主要负责人缺席的，有关会议原则上不得决策“三重一大”事项。

2. 一次会议有多项议题应逐项表决。议题由相关处室（单位）负责人汇报，与会班子成员就议题逐个表态。根据不同内容，表决可采取口头、举手、无记名投票等方式进行。可视情况组织相关部门人员列席会议，列席人员可就议题发表意见，但不参加表决。

3. 会议主持人根据表决结果，做出决定。对“三重一大”事项，必须经应到会成员半数以上同意，方可形成决定；发现有重大问题尚不清楚的，应暂缓决策；意见分歧较大的，可请示上级组织裁决。

（四）形成纪要

会议应指定专人负责记录，讨论情况应如实记录，会议文件存档备查。有关会议纪要经主要领导审核后，应以书面形式及时通知相关部门和人员。

（五）执行决策

1. 经会议决策的“三重一大”事项，应由班子成员按职责分工组织实施；职责分工有交叉的，应明确一名班子成员牵头。

2. 领导班子成员不得擅自改变集体决策。个人对决策有不同意见的可以保留，也可按组织程序向上级反映；但在未做出新的决策前，应无条件执行。

3. 健全决策督查制度。决策执行处室要及时报告决策执行情况并进行跟踪督查，发现问题及时提出意见和建议。

（六）重大行政决策程序

重大行政决策应当把公众参与、专家论证、风险评估、合法性审查和集体讨论决定作为必经程序，必要时应当组织听证。具体实施程序依据市政府关于重大行政决策程序的相关规定执行。

四、“三重一大”事项管理监督

1. 班子成员应根据分工和职责及时向班子集体及主要负责人报告“三重一大”事项的执行情况。领导班子要定期向上级报告贯彻执行“三重一大”制度的情况，并对各处室、事业单位执行“三重一大”制度的工作负总责。

2.“三重一大”事项的执行情况和贯彻本试行办法的情况列为领导班子民主生活会、述职述廉和党风廉政建设责任制检查的重要内容。

3.“三重一大”事项的决策、执行情况，除按规定落实保密要求外，应定期或不定期在相应的范围内公开。

五、“三重一大”事项责任追究

根据《北京市实施〈关于实行党政领导干部问责的暂行规定〉办法》，将“三重一大”决策列入领导班子成员的问责范围。按照“谁决策，谁负责”的原则，建立健全重大决策失误责任追究制度。凡属下列情况造成重大经济损失和严重不良影响的，根据其事实、性质及情节，依法依纪追究责任人的责任：不履行“三重一大”制度决策程序，不执行或擅自改变集体决定的；未经集体讨论决定而个人决策、事后又不通报的；未向领导集体提供真实情况而造成错误决定的；执行决策后发现可能造成损失，能够挽回而不采取措施纠正的；其他违反本试行办法而造成失误的。

市文资办综合处　　　　　　2015年6月8日印发

京文资发〔2015〕4号

市文资办关于印发《北京市国有文化资产监督管理办公室行政工作规则（试行）》的通知

各处室、中心：

现将《北京市国有文化资产监督管理办公室行政工作规则（试行）》印发给你们，请结合实际认真贯彻落实。

北京市国有文化资产监督管理办公室

2015年2月9日

北京市国有文化资产监督管理办公室行政工作规则

（试行）

第一章　总　则

第一条　北京市国有文化资产监督管理办公室工作坚持以邓小平理论、“三个代表”重要思想和科学发展观为指导，深入贯彻落实习近平总书记系列重要讲话精神，践行为民、务实、清廉的群众路线要求，认真贯彻落实党中央、国务院、北京市委市政府各项方针政策和决议决定。为实现工作的规范化、制度化和决策的科学化、民主化，制定本工作规则。

第二章　工作职责与分工

第二条　履行国有文化资产监督管理有关职责。根据市政府授权，履行市属文化企业和实行企业化管理的文化事业单位出资人职责；贯彻落实国家关于国有文化资产监督管理方面的法律、法规、规章和政策，制定所监管单位国有文化资产管理的制度、措施并组织实施；承担监督所监管单位国有文化资产保值增值的责任，建立和完善国有文化资产保值增值考核体系，对保值增值情况进行监管；承担新转制单位的资产划转和监督管理；负责宣传系统各单位国有文化资产变动事项的审批或备案；负责组织所监管企业上交国有文化资本收益，参与制定国有文化资本经营预算有关管理制度和办法，按照有关规定负责所监管企业国有文化资本经营预决算草案编制和执行等工作；承担宣传系统国有文化企（事）业单位审计工作；承担宣传系统国有文化资产清产核资、统计分析工作。

第三条　履行文化体制改革有关职责。根据市文化改革和发展领导小组授权，协助市委宣传部推进文化体制改革相关工作；指导推进所监管单位改革重组，提出整合兼并重组方案，加快公司制股份制改造，推动上市融资；指导改制单位建立健全现代企业制度，完善法人治理结构，优化企业内部资本结构和组织形式；培育打造骨干文化企业，提升所监管单位发展质量和水平，增强市场竞争力和影响力。

第四条　履行文化创意产业发展有关职责。根据市文化改革和发展领导小组授权，组织研究和推进我市文化创意产业发展的相关工作；牵头研究提出促进我市文化创意产业发展规划、政策、措施，搭建产业发展的公共服务平台，优化产业发展环境；提出完善我市文化创意产业布局和空间规划的建议，研究我市文化创意产业功能区建设规划，提出加强功能区管理的政策和措施并组织实施；组织推动本市相关重大文化产业项目的规划、论证和建设；会同相关部门研究制定我市促进文化贸易和文化消费的政策、措施，搭建文化贸易和文化消费公共服务平台，指导支持我市文化创意企业开拓国际市场，开展文化贸易活动；会同相关部门统筹推进本市文化市场的开发建设。

第五条 履行文化创新专项资金管理有关职责。建立健全本市国有文化投融资体系，促进文化和资本市场对接，负责组建管理投资、基金、小额信贷、担保等文化金融专营机构，指导其开展投融资业务；受市文化改革和发展领导小组委托，组织文化创意产业资金的项目征集评审工作，提出资金支持方案，并负责对资金使用情况进行监督检查和绩效考核；根据改制单位实际需要，提出改革扶持资金使用方案，建立改制单位长效扶持机制。

第六条 承办市委、市政府交办的其他事项。

第七条 市文资办主任主持行政全面工作，签发以市文资办名义制发的各类文件；主任离京期间应委托副主任主持行政工作；副主任协助主任分管某一方面的工作，受主任委托进行内、外事活动。

第三章 工作原则

第八条 坚持为民服务原则。坚持党的群众路线，全心全意为人民服务，深入群众，服务群众。

第九条 坚持依法行政原则。做到合法行政、合理行政、程序正当、高效便民、诚实守信、权责统一。

第十条 坚持科学民主决策原则。加强调查研究，完善决策机制，确保决策科学。

第十一条 坚持求真务实原则。尊重实际，遵循规律，解放思想，勇于创新，提高工作水平。

第十二条 坚持廉洁高效原则。严守党纪国法，严格工作纪律，追求正派，工作不违法违纪，办事不推诿拖延。

第十三条 坚持自觉接受监督原则。自觉接受司法监督，纪检、监察、审计等部门专项监督以及新闻舆论监督和人民群众监督。

第四章 会议制度

第十四条 市文资办实行主任办公会、专题会和主任办公（扩大）会等会议制度。

第十五条 主任办公会由主任、副主任组成，纪检监察负责人列席，由主任或者受主任委托的副主任主持，机关相关处室、所属事业单位根据需要列席会议。会议主要任务是：

（一）传达贯彻国务院和市政府的重要文件、决定和重要会议精神；

（二）讨论报请市政府、市文化改革和发展领导小组审定的重要事项；

（三）研究部署文化发展工作中长期规划、年度计划及阶段性重点工作；

（四）讨论决定以市文资办名义制发的重要文件；

（五）讨论决定市文资办各机关处室、所属单位重点工作、重要请示、报告；

（六）讨论决定所监管企业重点工作、重要请示、报告、绩效考核、薪酬等级、预算编制及重大投资等重要事项；

（七）讨论决定以市文资办名义召开的大型工作会议或举办的重要活动；

（八）讨论提交市文资办党委研究决定的重大事项；

（九）讨论决定或通报市文资办工作中的其他重要问题和重要事项。

主任办公会原则上每周召开一次。

第十六条　专题会议由主任或副主任组织召开，有关处室、事业单位及监管企业负责人参加。会议主要任务是：研究、协调、处理市文资办日常工作中的具体问题和专项事宜。可根据工作需要适时召开。

第十七条　主任办公（扩大）会由主任、副主任组成，由主任或者受主任委托的副主任主持，机关处室、事业单位及监管企业负责人列席会议。会议的目的是在更大范围内针对有关工作广泛征求意见或传达有关精神。可根据工作需要适时召开。

第十八条　加强会议议题的协调审核。综合处每年年初提出全年会议议题计划，提交主任办公会审定。综合处提前一周做好会务准备，提出会议议题具体安排，经主任审定后，通知有关部门做好准备，将会议材料提前发参会人员阅研。

第十九条　会议议题涉及多个处室的，主办处室应在会前进行协调，经协调意见仍不一致的，报主管办领导协调或由主管办领导委托综合处协调，协调后部门间意见仍有分歧的，主办部门应在会议文件上列明，并提出倾向性意见。

第二十条　凡属办领导、各处室职责权限范围内决定、审批的事项，或会前未经协调的事项，不安排上会讨论。

第二十一条　主任办公会、专题会和主任办公（扩大）会均做记录并形成会议纪要。主任办公会、主任办公（扩大）会由综合处起草，报主任签发。专题会纪要由主责处室起草、综合处审核，报主持会议的主任或副主任签发。会议议定的事项，不涉及秘密的，由宣传信息处提出具体报道意见，报办领导审定后报道。

第二十二条　对以市文资办名义召开的会议实行总量控制，压缩会议数量、规模和经费，提倡开短会、小会。

第二十三条　会议决定的事项，各处室要坚决执行，抓紧办理，及时准确地反馈落实情况，综合处负责催办、督查。

第二十四条 严格会议请假制度。各处室应当按照通知要求出席会议，凡因参加上级重要会议、活动，或因出差、出访、生病、休假等原因不能出席会议的，应提前向会议主持人请假，报综合处登记，未经同意不得由他人代替出席。

第五章　公文管理制度

第二十五条 办理及制发公文，应遵循党的路线、方针和国家的法律、法规、政策及有关规定，严格遵守《党政机关公文处理工作条例》和北京市党政机关有关公文制发规定的要求，按照《北京市国有文化资产监督管理办公室公文办理工作制度》和《北京市国有文化资产监督管理办公室公文制发工作制度》执行。

第二十六条 对于报送办领导审批的文件，按照外部来文与办内签报进行区分登记和处理。外部来文由综合处按照办领导分工呈报，并根据情况提出拟办意见；内部签报文件由各主办处室主要负责人签发，由综合处统一登记呈报办领导。同时，要区别普通文件与紧急文件，普通文件按规定时点呈报办领导，紧急文件第一时间呈报办领导。

第二十七条 请示事项如涉及其他处室的职责，主办部门应征求意见，协办部门应积极配合。意见一致后，经有关部门负责人会签后报送综合处。部门间意见如有分歧，主办部门应将意见分歧一并报送。

第二十八条 办领导审批公文时，应当签署明确意见。一般报告性公文，圈阅表示已知；有具体请示事项的公文，圈阅表示同意。综合处根据办领导批示，分印各处室进行办理。

第二十九条 以市文资办名义制发的公文，由综合处审核后，上行文由办主要领导签发，平行文与下行文根据内容报主要领导或主管领导审签，联合发文由所有联合机关的负责人会签。

第三十条 办理和制发的公文，在程序进行完毕后要按要求做好存档。

第三十一条 涉密文件按照文件内容分为办文、阅文，单独登记呈报，专人管理，单独存档。

第三十二条 办领导批示及会议议定事项，各处室要坚决贯彻落实，在执行中发现问题，应按相关程序及时向办领导反馈。

第六章　出席内外事活动及因公出国（境）访问

第三十三条 为保证办领导集中精力研究、处理全局性工作和重大问题，除综合处统一组织安排的活动外，各处室及下属单位邀请办领导出席的活动，要严格履行报批手续。确需办领导出席的重要会议，应当提前一周商请综合处，按程序报批。办领导不出席各类剪彩、奠基、表彰活动，庆祝会及与文资办业务无关的博览会和各种论坛。

第三十四条 各处室、直属单位及监管文化企业邀请办领导出席会议、活动均应事先请示，由综合处根据工作需要、领导分工及有关规定协调安排。

第三十五条 各处室、直属单位及监管文化企业举办的各种对外友好往来，需邀请办领导参加的，报国际交流处统一安排。

第三十六条 市文资办人员因公出国（境）由国际交流处按《市文资办因公出国（境）管理办法》执行。

第七章 督查与考核工作制度

第三十七条 综合处负责对重大决策和重要工作部署实施督查，并建立督查工作项目管理责任制。各处室每季度要对照工作任务和目标进行检查，半年进行一次全面检查，发现问题及时解决。每年对各处室工作任务、目标完成情况进行督查考核，对政绩突出的部门给予表扬，对工作质量差的部门给予批评，并做出相应处理。

第八章 出差（出访）、休假的请示报告

第三十八条 主要领导离京出差(出访)，应当事前向市委、市政府报告；副局级领导离京出差(出访)，应当事前向主要领导报告，并由综合处将有关事项向市委宣传部报备。各处室、直属单位及监管企业负责人离京出差（出访），应事前向主要领导请假，履行报批手续。出差（出访）回京后，应向办领导报告有关情况。

第三十九条 文资办人员请销假具体办法按照《市文资办机关工作人员请销假暂行规定》执行。

第九章 附 则

第四十条 本规则由市国有文化资产监督管理办公室制定和解释，并对本规定执行情况进行监督检查和评估。

市文资办综合处　　　　2015 年 6 月 8 日印发

京文资发〔2015〕5号

市文资办关于印发《北京市国有文化资产监督管理办公室财务管理暂行规定》的通知

各处室、中心：

现将《北京市国有文化资产监督管理办公室财务管理暂行规定》印发给你们，请结合实际认真贯彻落实。

北京市国有文化资产监督管理办公室

2015年2月9日

北京市国有文化资产监督管理办公室财务管理暂行规定

（试行）

第一章　总　则

第一条　为规范北京市国有文化资产监督管理办公室财务工作，加强财务管理和监督，提高财政资金使用效益，依据《中华人民共和国会计法》《中华人民共和国预算法》《中华人民共和国政府采购法》《行政单位财务规则》和《行政事业单位内部控制规范（试行）》，以及相关财务管理规定，结合财务工作实际情况制定本办法。

第二条　本办法适用于市文资办机关各项经费收支活动，包括市财政核拨的行政运行经费、事业发展经费、文化创新发展专项资金等。

第三条　财务管理的主要任务：

（一）科学、合理编制预算，严格预算执行，完整、准确、及时编制决算，真实反映单位财务状况；

（二）建立健全财务管理制度，实施预算绩效管理，加强对单位经济活动的管控和监督；

（三）加强资产管理，合理配置、有效利用、规范处置资产；

（四）定期编制财务报告，进行财务活动分析；

（五）建立和完善单位内控体系，协调各处室按照内控制度对各项业务流程进行跟踪管控，提升单位整体风险管理水平；

（六）对所属单位的财务活动实施指导、监督。

第四条　财务预算处是市文资办财务管理的职能机构，统一组织财务核算和管理。

重大财务事项由主任办公会集体研究决策。重大财务事项主要包括：（一）通过年度财务预算和决算；（二）制定内部财务管理制度；（三）其他需要由集体研究决策的重大财务事项。

第五条　本办法作为市文资办内部控制体系组成部分，严格遵循内部控制原则，对办内经济活动进行风险防范和管控。

第二章　财务人员管理

第六条　财务预算处按相关规定建立内控制度，建立健全内部岗位责任，明确各岗位的分工和职责，并形成相互制约机制。任用财务人员应当实行回避制度。

第七条　财务人员必须取得会计从业资格，并按规定进行年度考核、验证。财务人员每年应参加职业道德教育和业务知识培训，培训学时不得少于24学时。

第八条 财务人员工作调动或者离职时，必须按规定办理交接手续。必须有监交人负责监交。

第三章 预算管理

第九条 财务预算处负责编制预算、决算草案，组织和监督本部门预算的执行，按照有关规定上缴收入，安排支出。

各处室应积极配合财务预算处做好部门预算编制和执行工作。

第十条 预算编制应当综合考虑以下因素：

（一）事业发展规划、年度工作计划和相应支出需求；

（二）以前年度预算执行情况；

（三）以前年度结转和结余情况；

（四）资产配备、占有和使用情况；

（五）国库管理及政府采购要求；

（六）其他应考虑的因素。

第十一条 预算编报和审批按下列程序:

（一）各处室根据事业发展规划及年度工作计划，提出项目计划及资金需求，经主管领导同意后报财务预算处；

（二）财务预算处审核、汇总各处室预算，并根据市财政局下达的年度预算控制数，结合当年的财力状况，统筹编制部门预算草案，经主管领导同意，主任办公会审议后报市财政局；

（三）财务预算处根据市财政局项目预算安排情况组织开展项目预算评审；

（四）财务预算处根据项目预算评审结果，将申报项目纳入市级项目库；

（五）财务预算处将市财政局批复的预算通知相关处室。各处室按照预算批复执行。

第十二条 部门预算包括收入预算、支出预算和政府采购预算。各项收入和支出应全部纳入单位预算统一管理。支出预算包括基本支出预算、项目支出预算两部分。

第十三条 基本支出预算是为保障机构正常运转、完成日常工作任务而编制的年度基本支出计划，包括人员经费和公用经费。基本支出预算根据基础信息资料和标准自动生成，实行定员定额管理。

提供基础信息资料的处室须保证所提供信息资料的真实、准确、完整。

第十四条 项目支出预算是为完成特定的工作任务或事业发展目标，在基本支出预算之外编制的年度项目支出计划。项目支出预算实行项目库管理。

相关处室应结合部门职能、全市文化产业发展规划和年度工作任务做好项目支出计划，在规定时间内按项目文本格式和要求编制项目申报材料。

第十五条 预算一经批复，必须严格执行，严禁擅自追加、调整和扩大开支范围。对因政策、事业任务发生重大调整，导致原预算无法执行或原项目实施条件有变化的，相关处室（项目负责人）可根据情况提出预算调整申请。对因市委、市政府年内布置工作任务等新增的支出项目，承办处室可根据情况提出项目预算追加方案。

财务预算处按预算编报程序，办理预算追加和调整手续。

第十六条 财务预算处应按照《北京市国有文化资产监督管理办公室部门预算执行管理办法》的有关要求，切实加强部门预算执行监管，定期分析、通报部门预算执行情况，确保部门预算的有效执行。

第十七条 项目资金首期支付不得超过合同总金额80%，其支出事项和资金支出方案均由主任办公会集体研究决定。

第十八条 项目完成后，项目处室应及时收集项目资料，组织开展项目验收。项目验收材料将作为项目最终结算的依据。项目尾款如超过10万元需经主任办公会审批后拨付。

第四章 经费支出管理

第十九条 经费支出应当严格执行财政部、北京市财政局的开支范围及标准。

基本经费包括办公费、印刷费、水费、电费、邮电费、取暖费、物业管理费、交通费、差旅费、设备维修费、会议费、培训费、招待费等。其中培训费由党群工作处、机关党委（人事处、工会）、综合处和财务预算处统共同统筹安排和管理。其他经费由综合处会同财务预算处按支出标准、开支范围和管理办法，统筹安排和管理。综合处应会同财务预算处建立健全相应的管理办法，提高资金保障效率。

专项经费实行项目责任制管理，按照批准的项目和用途单独核算、专款专用。

第二十条 经费支出须取得合法的原始凭证，由经办人、处室负责人签字确认后送相关领导审批后方能报销。其中：

（一）基本经费支出2万元以下的由办分管财务领导审批；支出金额2万元（含）以上10万元以下的，由办分管领导和办主要行政领导审批；支出金额10万元（含）以上的，经主任办公会集体研究决定。

（二）项目经费支出无论金额大小均须经主任办公会集体研究决定。

第二十一条 原始凭证的项目要素要齐全，包括付款单位（台头）、出具日期，物品的名称、型号、单价、数量、金额，开具单位财务专用章，经手人签字等，项目要素须清晰可辨，对模糊难辨或项目要素不全的，财务人员应要求更换，否则不予报销。

报销凭证开具的物品应准确翔实，不得使用“办公用品”“用具”“劳保用品”等综合性品名。一次采购物品较多时，应由开具单位在发票后附物品明细表。

第二十二条 费用报销坚持计划管理、分级负责、层层把关的管控原则。

各处室应做好原始凭证收集、合同管理、价款结算和支付等环节的财务风险控制，确保资金安全。采购合同应交财务预算处备案，作为支出审核的依据。

处室负责人需对本部门费用报销的真实性、合理性进行审查。财务稽核人员对原始凭证及所附单据进行合法性审查，并按经费预算、支出计划和经济类别填写“费用报销单”。财务预算处负责对报销票据的合法性、审批手续的完备性和列支渠道的合理性进行审核。

第二十三条 经费支出原则上采用转账、电汇或公务卡结算，先申请，后报销。

经办人填写支票申领单，按经费报销审批程序经相关办领导或主任办公会审批后，到财务预算处办理支出手续。

各处室应按照《北京市国有文化资产监督管理办公室公务卡管理暂行办法》规定，大力推进公务卡的使用。在公务卡强制使用目录外，除不具备刷卡的场所发生的单笔消费500元以下的支出、在北京市行政区域外县级以下（不包括县级）地区发生的公务支出、按规定支付给非本单位个人的支出以及签证费、快递费、出租车费、停车费等目前只能采取现金结算的支出外，原则上均应采取非现金结算。

第二十四条 经费支出应及时报销结算。支票签出5个工作日内完成结算报销手续，公务卡、现金实时办理结算。

第五章 政府采购管理

第二十五条 采购当年列入北京市政府集中采购目录以内或者采购限额标准以上的货物、工程和服务，应按要求编制政府采购预算。

第二十六条 各处室应当按照北京市政府集中采购目录及标准的有关要求，对目录中公布的由政府集中采购机构采购的项目、部门集中采购的项目，以及分散采购限额标准以上的货物、工程和服务，如实编报政府采购计划。

第二十七条 采购计划中应对采购项目的性质、用途、数量、技术规格、交付时间和资金来源等加以详细的文字说明。采购计划编制完毕交由财务预算处审核汇总（日常办公设施设备购置报综合处审核汇总），经主管财务的办领导审批，据此编制年度政府采购预算。

第二十八条 对应纳入而未纳入政府采购预算的项目，不得组织政府采购活动，不得支付资金。各处室不得擅自改变政府采购方式。对因特殊原因确需变更采购方式的，需经主管财务工作的办领导同意，按规定报财政主管部门批复后方能实施。

第六章 固定资产管理

第二十九条 使用期限超过一年，单位价值在1000元（含）以上、专用设备单位价值在1500元（含）以上，并且在使用过程中基本保持原有物质形态的资产以及单位价值虽未达到规定标准，但是耐用时间在一年以上的大批同类物资，应作为固定资产管理。

第三十条 固定资产实行归口管理。在综合处统一管理的前提下，按照固定资产存放地点和使用部门，由相关处室及个人负责固定资产的具体使用和管理。

固定资产由财务预算处统一计价核算。财务预算处根据固定资产的购置发票、领用单据及时登记固定资产账。

综合处负责登记固定资产卡片，建立固定资产台账，并对各项固定资产的安全、完整和有效使用负有协调、监控、组织管理的责任。固定资产卡片一式三份，综合处、财务预算处、使用处室各执一份。

各处室内勤、固定资产使用人应当妥善保管本处室、个人使用的固定资产，做好固定资产的日常维护和保管。

第三十一条 综合处应会同财务预算处每年至少组织一次固定资产清查。要认真核对账面价值，重新鉴定质量、性能、使用状态等，查明存在的各种问题。如果发现盘盈、盘亏和毁损等情况，应及时查明原因，提出处理意见。

第三十二条 固定资产的处置应按国家有关政策、法规及北京市国有资产管理的有关规定办理报批手续，未经批准不得随意处置。

第七章 会计档案的管理

第三十三条 财务预算处应严格按照财政部《会计档案管理办法》的要求，管理会计档案，确保会计档案的安全。

第三十四条 当年形成的会计档案，在会计年度终了后一年内，由财务预算处保管；期满后，由财务预算处编制移交清册，交综合处保管。电子档案应由综合处和财务预算处两地保管。

第三十五条 会计档案借阅、复印须履行审批程序，内部人员借阅、复印经财务预算处处长审批，外部机构、人员借阅、复印，须经办分管领导审批。

第八章 服务与监督

第三十六条 财务预算处要依据会计核算管理的有关要求，及时、真实、准确、完整地定期编制财务会计报告，如实反映预算执行情况，认真进行财务分析，总结财务管理经验，做好服务与保障工作，确保各相关工作正常运行。

第三十七条 财务预算处应自觉接受财政、审计、纪检以及其他部门的监督和检查。检查过程中应积极配合，如实提供各种资料。

第三十八条 财务人员以及其他工作人员违反财务管理有关规定的，按照《财政违法行为处罚处分条例》进行处理。

第九章 附 则

第三十九条 本规定由财务预算处负责解释。

市文资办综合处　　2015 年 6 月 8 日印发

京文资发〔2015〕7号

北京市国有文化资产监督管理办公室关于印发《北京市国有文化资产监督管理办公室财务档案管理暂行办法》的通知

各处室、中心：

现将《北京市国有文化资产监督管理办公室财务档案管理暂行办法》印发给你们，请结合实际认真贯彻落实。

附件：1. 北京市国有文化资产监督管理办公室财务档案管理暂行办法

2. 财务档案查阅及复印登记表

北京市国有文化资产监督管理办公室

2015年10月13日

北京市国有文化资产监督管理办公室财务档案管理暂行办法

第一条 为加强北京市国有文化资产监督管理办公室财务档案管理，依照财政部、国家档案局下发《会计档案管理办法》，特制定本办法。

第二条 市文资办财务档案包括会计档案和文件档案（以下统称“财务档案”）。

第三条 会计档案按照实质分为纸质和电子版。具体包括：

1. 会计凭证类。

2. 会计账簿类。

3. 会计报告类。

4. 其他会计资料类。

第四条 文件档案按照来源和性质分为外部单位来件和内部文件。具体包括：

1. 上级单位下发文件。

2. 项目经费请示文件。

3. 文资办内部研究审批材料。

4. 财务预算处内部文件及规定。

5. 财务预算处内部呈阅件。

第五条 会计档案的保管及销毁。

1. 财务预算处负责会计档案管理。由指定的档案管理员负责具体工作，定期将归档的会计档案按顺序立卷、规范登记。

2. 当年形成的会计档案，在会计年度终了后一年内，由财务预算处保管；期满后，由财务预算处编制移交清册，交综合处保管。电子档案应由综合处和财务预算处两地保管。

3. 会计档案保管期限分为永久和定期两类，具体保管年限按财政部、国家档案局下发的《会计档案管理办法》执行。

4. 除本办法第六条规定的情形外，保管期满的会计档案需要销毁时，由档案管理员提出销毁建议，经会计确认、财务预算处处长同意并上报市文资办分管领导、主要领导批准后方可执行。具体办法是：由档案管理员编制会计档案销毁清册，销毁时应有财务预算处和审计处相关人员参加，并在销毁单上签名或盖章。

第六条 虽保管期满，但未结清债权债务和涉及未完了事项的原始凭证，不得销毁。

第七条 文件档案的保管及销毁。

1. 财务预算处文件档案由指定的档案管理员负责具体工作，定期将归档的文件档案按顺序立卷、规范登记，定期将属于文件档案的资料转档案库。

2. 文件档案的保管年限视文件的类型和内容而定。上级单位文件保管期限依照上级单位规定要求年限保存；项目经费请示文件、内部研究审批材料保管期限为10年；财务预算处内部文件及内部规定执行会计档案的保管年限。

3. 文件档案保管期满需要销毁时，销毁程序同会计档案。

第八条 财务档案查阅、复印的权限。

财务档案查阅、复印须履行审批程序，内部人员查阅、复印须经档案管理员审核、财务预算处处长同意；外部机构、人员查阅、复印时，须经档案管理员、财务预算处处长审核，分管领导、主要领导审批同意。

第九条 财务档案的查阅、复印流程。

1. 市文资办各职能部门及下属单位，因工作需要查阅、复印财务档案时，应首先填写《财务档案查阅及复印登记表》（附表，以下简称“登记表”），并按顺序编号。

2. 经办人员持本部门第一责任人签字后的登记表，按照登记表相关内容履行查阅、复印手续，并将登记表交档案管理员。

3. 查阅、复印后档案管理员应将财务档案按顺序及时归档。

4. 档案管理员在所有财务资料复印件上要注明“此复印件仅用于****”字样，复印件及登记表签字后要及时交档案管理员签收归档。

5. 财务预算处内部人员不得私自复印财务档案。

第十条 财务档案查阅、复印时须有财务预算处相关人员在场。

第十一条 财务人员岗位变动须办理财务档案移交手续，并由监交人、移交人、接收人签字或盖章。

第十二条 本办法适用于市文资办机关，下属事业单位参照执行。

第十三条 本办法未尽事宜按照财政部、国家档案局下发《会计档案管理办法》执行。

第十四条 本办法解释权归市文资办财务预算处。

第十五条 本办法自发布之日起执行。

附表（略）。

市文资办综合处　　　　2015年10月14日印发

第三部分

北京市国有文化资产监督管理

市属文化企业战略规划

【研究市属文化企业分类监管有效措施】 年内，市文资办启动了北京市国有文化企业分类监管研究工作，在全面掌握6家一级市属文化企业及60家二级全资或控股企业数据的基础上，初步确定了分类监管的理论框架、分类模型、分类标准、分类方法，认真测算了企业分类结果，形成了《北京市国有文化企业分类监管实施方案（初稿）》。

（供稿人：赵镜宇）

【制定市属文化企（事）业单位重大事项管理办法】 年内，市文资办启动了《北京市国有文化企业重大事项管理暂行办法》编制工作。广泛学习相关制度文件，调查了解企业需求，切实掌握国资监管新趋势、新要求。汇总分析市属文化企业相关数据，在集团公司章程、发展战略规划、主营业务范围、重大投融资、重大资产处置等方面形成了初步意见。

（供稿人：赵镜宇）

【制定北京市国有文化企业发展战略规划管理暂行办法】 年内，市文资办深入调研市属文化企业国有资产布局和战略规划管理等情况，研究起草了《北京市国有文化企业发展战略规划管理暂行办法》及《北京市国有文化企业发展战略规划编制大纲》《北京市国有文化资产监督管理办公室监管企业战略规划备案流程说明》等制度，积极构建国有文化企业发展战略规划管理制度体系。

（供稿人：赵镜宇）

【研究建立国有文化资产监管数据采集指标】 为规范国有文化企业监管数据采集工作，统一数据采集渠道，促进高效管理，年内，市文资办启动了市属文化企业数据采集管理的研究工作。结合监管企业经营实际，初步明确了企业数据采集范围，力求从制度设计上解决多头、重复、低效监管等问题，确保企业数据采集的及时准确、系统全面。

（供稿人：赵镜宇）

【建立市属国有文化企业战略管理专家委员会】 为进一步规范市属文化企业战略规划管理，市文资办积极联系相关政府部门、研究院所、文化企（事）业单位，组建成立市属国有文化企业战略管理专家委员会，为市属文化企业编制战略规划提供决策服务。

（供稿人：赵镜宇）

【举办市属国有文化企业战略规划管理专题培训班】 11月22日至25日，市文资办举办市属文化企业战略规划管理专题培训班，国内知名专家授课，深入剖析文化企业战略规划领域的热点、难点，来自22家国有文化企业的67名业务骨干参训。

（供稿人：赵镜宇）

市属文化企业国有产权管理

【研究制定市属文化企业国有产权管理制度】 结合国有文化企业实际，研究构建市属文化企业国有产权管理制度体系，陆续修订完善了北京市文化企业国有资产产权登记、资产评估、产权转让、产权交易等制度，协调推进相关制度出台实施。研究起草北京市文化企业国有资产评估机构管理、资产评估报告审核、资产评估专家管理等配套制度，以及产权登记工作操作指引等实施细则。

（供稿人：方昕）

【开发完善市属文化企业国有产权登记管理信息系统】 年内，开发完善北京市文化企业国有资产监督管理信息系统，全面、及时地反映监管单位的产权变动及资产状况，编报统计分析报告，为产权管理提供信息数据支持。

（供稿人：方昕）

【开展市属文化企业国有产权登记试点】 为有序推进产权登记工作，年内，市文资办选取了北京市文化投资发展集团与北京国际广告传媒集团 2 家单位，开展为期 3 个月的产权登记业务试运行工作，先后解决填报类、系统类问题 40 余个，为全面推开产权登记工作打牢了基础。

（供稿人：方昕）

【推动北京文创国际集团与北京北广传媒集团有限公司合并重组】 年内，积极落实市委、市政府和市委宣传部专题会议要求，协助完成北京文创国际集团更名为歌华传媒集团的工作，加快推进歌华传媒集团与北京北广传媒集团合并重组后的资产划转工作，梳理相关政策法规，研究制定实施方案，明确工作目标、基本原则、划转流程与相关部门职责，确保集团合并重组工作依法合规、有序开展。

（供稿人：方昕）

【推进市属文化企业改革】 年内，指导北京国际广告传媒集团混合所有制改造，完善企业经营分析报告和可行性意见书。指导承启文化传播有限公司增资扩股，认真审核企业增资协议、商业计划书、评估报告等材料，批复同意北京承启文化传播有限公司增资扩股。指导北京国际广告传媒集团子公司京广天玺公司完成股东变更、京广互动公司成立合资公司，进一步激发企业发展活力。

（供稿人：方昕）

市属文化企业国有资本经营预算

【完成市文资办监管单位 2014 年国有资产统计】 年内，市文资办启动了监管企（事）业单位 2014 年国有资产统计评价工作。经统计，截至 2014 年 12 月 31 日，市文资办共监管 8 家企业集团（2 级单位 49 家、3 级单位 30 家、4 级及以下单位 6 家），8 家企业集团的资产总额为161.04亿元，负债总额为68.31亿元，所有者权益总额为92.73亿元。通过分析8家企业集团盈利能力、营运能力、偿债能力和成长能力，及时掌握监管企（事）业单位财务状况、经营状况及资产质量等情况，确保各项财务管理制度落实到位，努力防范经营风险，确保国有文化资产安全规范、保值增值。

（供稿人：王欣）

【推动国有资本经营预决算制度化建设】 年内，市文资办开展了北京市国有文化资本经营预决算制度研究工作，制定了国有资本经营预算、决算及企业财务统计报告、财务决算报告等5项制度，并督促监管单位参照执行，初步形成科学规范的国有文化资本经营预决算管理制度体系。

（供稿人：王欣）

【申请免缴市属文化企业国有资本收益】 根据中共中央办公厅、国务院办公厅《关于推动国有文化企业把社会效益放在首位实现社会效益和经济效益相统一的指导意见》中“省属重点文化企业，经省级政府批准，2020年年底前可免缴国有资本收益”意见，参照上海市的做法，结合重点市属文化企业实际，市文资办会同市财政局，向市政府申请对目前纳入监管范围的6家企业至2020年年底前免缴国有资本收益。

（供稿人：王欣）

【推进机关内部控制体系建设】 年内，市文资办启动了机关内部控制体系建设工作，印发机关内部控制手册、内部风险评估办法和内部控制评价办法，梳理出单位和业务两个层面的内控风险点。其中，单位层面包括经济活动的决策、执行、监督是否实现有效分离，权责是否对等，是否建立健全议事决策机制、岗位责任制、内部监督机制等；业务层面包括预算管理、收支管理、资产管理、合同管理和采购管理5大一级业务流程、31个二级子流程、473个流程管控步骤，涉及198个内部控制风险点。未来，内部控制体系将成为市文资办日常管理工具，每年对其运行情况进行评价。

（供稿人：王欣）

业绩考核、薪酬管理与监管企业人才工作

【完成2014年企业领导人业绩考核】 年内，市文资办建立完善北京市国有文化企业领导人员年度绩效考核工作流程，组织专家组，对参与2014年度绩效目标采集的6家单位，进行公众价值指标、出资人权益指标和综合评价三类指标考核，完成了企业领导人员2014年度绩效考核工作，积累了宝贵工作经验。

（供稿人：关鹤群）

【部署 2015 年企业领导人业绩考核工作】 按照中共中央办公厅、国务院办公厅《关于推动国有文化企业把社会效益放在首位、实现社会效益和经济效益相统一的指导意见》（以下简称《指导意见》），市文资办强化对监管企业取得经济效益和社会效益情况的考核工作。按照《指导意见》中“充分考虑不同类型国有文化企业的功能作用，明确社会效益指标考核权重应占 50% 以上”的要求，结合监管企业实际，确定围绕“内容主题、覆盖范围、接纳程度和影响力反馈”四个维度，进行量化考核，引导企业做强做优，不断提高企业社会效益和经济效益。

（供稿人：关鹤群）

【做好监管企业负责人薪酬管理】 根据市文资办监管企业负责人 2013 年度绩效考核结果，年内，市文资办完成相关企业负责人 2013 年度绩效薪酬兑现工作。此外，印发监管企业负责人 2014 年度绩效考核结果和绩效薪酬的通知，调研新纳入监管范围的企业负责人的薪酬结构，初步确定监管企业负责人的薪酬级别及进入水平，逐步理顺绩效薪酬管理流程。

（供稿人：关鹤群）

【服务监管企业引进配备优秀人才】 按照“公开、平等、竞争、择优”的原则，开展监管企业人才招聘工作，共涉及 5 个集团，22 个岗位，岗位需求 35 人，应聘人数达 3686 人。

（供稿人：关鹤群）

市属文化企业审计监督

【开展 2014 年度部门预算执行情况自查自纠】 年内，市文资办开展了 2014 年度部门预算执行情况自查自纠工作。在审计过程中，坚持“全面审计、突出重点”的工作方针，确保审计事项重点突出、层次清晰、内容全面、步骤连贯。通过此次自查自纠工作，强化了单位内部控制制度，规范了预决算和绩效管理，提升了财务管理水平。

（供稿人：岳媛）

【开展监管企业内部审计】 年内，市文资办启动了北京市文化投资发展集团及其控股企业财务审计工作，重点检查企业内部控制薄弱环节和潜在风险点，提出可行性整改建议，引导企业加强风险防控，健全制度机制，实现持续健康发展。

（供稿人：岳媛）

董事会、监事会建设

【研究建立市属文化企业监事会工作制度体系】 为促进市属文化企业监事会规范、有效履职，年内，市文资办启动了《北京市国有文化资产监督管理办公室监管国有文化企业监事会工作指引（试行）》及配套制度的研究编写工作。成立调研组，分别赴湖南省国资委、湖南省轻工盐业集团有限责任公司、天津市国资委、天津钢管集团股份有限公司等单位，调研、交流国有企业董事会、监事会建设工作。结合市属文化企业发展实际，初步确定有关文件的编制思路，拟从国有文化企业监事会性质、监事会派出、职责、工作方式、主要任务以及监事会成员的权利、义务和责任等方面做出详细规定。

（供稿人：季方）

【研究构建市属文化企业董事会及董事考核评价体系】 围绕“坚持把社会效益放在首位，实现社会效益和经济效益相统一”的目标要求，年内，市文资办启动了《关于对国有文化企业董事会考核评价体系建设》的研究编写工作，积极构建国有文化企业董事会考核评价体系，切实加强国有文化企业董事会和董事考核评价工作。

（供稿人：季方）

党的建设

【组织市文资办党委理论学习中心组学习】 年内，市文资办组织机关理论中心组集体学习16次，扩大化学习8次，邀请国家发展改革委、中纪委等中央部委的相关工作人员、业内专家学者进行专题辅导，建立了会前集体学习（党委会、办公会）机制和调研机制。

（供稿人：林燕）

【召开市文资办党委纪念建党94周年党建工作交流会】 6月29日，市文资办召开纪念建党94周年党建工作交流会。期间，组织新入党党员进行宣誓，组织机关、国有文化企业、非公文创企业的党员代表进行党建工作经验交流。

（供稿人：苗文玉）

【积极配合市委第八巡视组开展巡视工作】 年内，按照市委统一安排，市委第八巡视组对市文资办开展了为期两个月的专项巡视工作。巡视期间，市文资办积极协助市委巡视组，做好服务保障。按照巡视组要求，提供文件材料4000余份，组织谈话150余场次，安排巡视组工作人员列席参加相关会议和调研活动20余场次，编辑刊发巡视简报7期，做好2件信访案件核查工作。为切实加强巡视整改工作，市文资办党委制定了整改方案，结合实际，梳理了问题清单，列出整改措施54条，撰写了巡视整改工作情况报告。

（供稿人：付万成）

【举办落实党委主体责任专题培训班】 为进一步强化党支部书记责任意识，年内，市文资办举办了为期3天的机关处室（中心）党支部书记落实党风廉政建设主体责任培训班，邀请市纪委领导授课。办主管领导与领导班子成员、处室分管领导与机关处室（中心）负责人签订了《廉政目标责任书》，进一步明确了党委主体责任，层层传导压力，形成上下联动、齐抓共管的廉政风险防控机制。

（供稿人：付万成）

【深入开展反腐倡廉警示教育活动】 年内，市文资办组织办领导班子成员和纪检监察干部，为全体党员干部讲授廉政教育课，组织全体党员干部观看了《诱惑就在眼前，教训就在身边》的警示教育片，并参观廉政教育基地，开展专题研讨，撰写心得体会；组织纪检监察干部参加了中纪委举办的案件审查人员金融知识培训班，提高案件查办能力，筑牢了拒腐防变的思想防线。

（供稿人：付万成）

【建立完善市文资办信访工作制度】 年内，按照市纪委信访工作专项督查要求，市文资办对信访举报件进行登记管理，完成了纪检监察网并入电子政务内网工作，安装信息管理系统，安排专人管理使用，录入信访举报件的办理信息，提高了信访案件管理的信息化水平。

（供稿人：付万成）

机关干部队伍建设

【选拔任用 11 名机关、事业单位干部】 严格按照《公务员法》和《党政领导干部选拔任用工作条例》的有关规定，拓宽视野，明确标准，严格程序，年内，选拔任用机关和事业单位干部 11 人。其中，正处长 4 人，副处长 4 人，副调研员 3 人；转任 3 人，调任 3 人，调出 7 人；遴选基层公务员 5 人，接收军转干部 2 人，为事业单位招聘工作人员 3 人。

（供稿人：蔡敏）

【完成机关、事业单位工作人员 2014 年度考核奖励工作】 年内，市文资办部署开展机关事业单位工作人员 2014 年度考核奖励工作。以平时考核为基础，重点考核干部道德品行、工作作风、依法办事能力、业务素质和实践能力，充分发挥考核奖励的教育、激励和监督作用，引导广大干部加强自身学习，提升工作能力。3 人被评定为优秀并记三等功、15 人被评定为优秀嘉奖、3 人被评定为称职嘉奖，事业单位 2 人被评定为优秀嘉奖。

（供稿人：常俊）

【完善机关干部管理制度体系】 强化立规执纪，结合市文资办干部队伍实际，年内，市文资办制定出台了《市文资办机关工作人员福利费使用管理办法（试行）》《市文资办机关工会经费使用管理办法（试行）》《北京市国有文化资产监督管理办公室机关调动、借调和挂职工作人员管理办法（试行）》，推动机关干部队伍建设规范化、常态化。

（供稿人：张丹）

【加强机关干部日常管理】 年内，市文资办以深入开展“三严三实”专题教育活动为契机，组织全体党员干部深入查找在修身做人、律己用权、干事创业等方面存在的不严不实问题，下力治庸治懒治散，整治乱作为、慢作为和不作为。严格执行领导干部个人有关事项报告规定，逐一核对、录入了处级领导干部的个人信息，加强抽查核实工作。从严加强机关领导干部因私出国（境）管理，审核备案了机关处级干部出国（境）证件。

（供稿人：张丹）

【持续做好机关干部教育培训】 年内，市文资办分别承办和举办了北京市学习贯彻“四个全面”战略思想和战略布局专题研讨班、对口支援西藏拉萨文创产业干部培训班和事业单位工作人员能力素质提升培训班。积极组织各类任职培训和挂职锻炼工作，持续抓好干部在线学习，全年累计培训110学时，培训的针对性、实效性得到有效强化，干部综合素质能力有了新的提高，为培养选拔优秀年轻干部工作奠定了基础。

（供稿人：孙颂）

新闻宣传工作

【召开2015年度新闻宣传工作研讨会】 年内，市文资办组织召开2015年度新闻宣传工作研讨会，与平面媒体、网络与新兴媒体从业人员及广播电视媒体专家展开座谈，宣传推介机关年度重点、亮点工作，总结年度新闻宣传工作成效和问题，交流2016年新闻宣传工作思路和举措。

（供稿人：成娟）

【组织10场新闻媒体集体采访活动】 年内，市文资办组织10场新闻单位集体采访活动，综合利用平面媒体、广播电视、网络新媒体等各类宣传渠道，积极宣传机关特色亮点工作。全年共接待人民日报、北京日报、北京电视台、北京人民广播电台等主要媒体专题采访10次，新闻报道近千篇（条），报刊媒体报道450多篇，广播电视报道250多条，各大新闻网站和主要门户网站报道500多篇。

（供稿人：成娟）

【积极开展新闻宣传选题策划】 年内，市文资办邀请市委信息部门和市属媒体单位及内参部门有关工作人员20余人，针对市文资办的重点工作，加强选题策划，并对内部信息工作进行指导。

（供稿人：成娟）

【编发文化创意产业月报、季报】 1—12月，市文资办积极做好文化产业信息的收集、整理与分析，共编辑文创月报、季报、半年报共17期，为领导科学决策提供参考。

（供稿人：成娟）

信息化建设工作

【做好重大活动期间信息系统运维保障】 年内，市文资办积极开展网络安全技术和信息安全教育培训工作，创新信息工作机制，完善网络安全制度，安排专人密切监测、及时处理网络安全隐患，从边界防护、访问控制、入侵检测、行为审计、病毒防护等方面建立起全方位的安全体系，切实增强了安全防范意识和应对能力。

（供稿人：何勇）

【规范机关电脑软件管理使用】 年内，根据《北京市使用正版软件工作联席会议办公室关于印发北京市2015年全市国家机关软件正版化工作方案的通知》（京正联〔2015〕10号）要求，市文资办制发《软件正版化清查表》和《软件资产清查表》，逐一核查机关办公电脑，清查统计了操作系统、杀毒软件、办公软件、服务器的使用情况，核实了软件采购预算。组织开展电脑软件正版化培训，建立软件安装管理台账，对软件产品、软件合同、操作手册等资料进行统一管理。

（供稿人：任士栋）

【完成2015年北京市信息网络安全检查】 年内，按照公安部《关于开展国家级重要信息系统和重点网站安全执法检查工作的通知》（公传发〔2015〕253号）和市公安局的部署要求，市文资办积极开展信息系统安全整改评估工作，制定了信息安全管理的相关制度，在公安机关备案系统4个，包括文化项目申报系统、网络协同办公系统、市文资办官网、项目库管理系统，并完成系统测评工作。成立了网络安全工作领导小组，负责做好本单位信息安全监督管理工作，积极培训信息工作人员，提高安全管理责任意识和能力。

（供稿人：陈艳军）

第四部分
北京市文化创意产业发展

文化创意产业结构和布局调整

【编制“十三五”时期文化创意产业发展规划】 年内，市文资办积极配合市委宣传部，认真编制《北京市“十三五”时期文化创意产业发展规划》，重点完善了产业发展布局、功能区示范园区建设、重大项目征集等内容，确保多规合一、有效衔接。

（供稿人：赵镜宇）

【编制“十三五”时期国有文化企业发展规划】 年内，市文资办启动了北京市“十三五”时期国有文化企业发展规划的编制工作，填补了企业层面规划缺位，完善首都规划体系。

（供稿人：赵镜宇）

【编制“十三五”时期加强全国文化中心建设规划】 年内，市文资办积极参与《“十三五”时期加强全国文化中心建设发展规划》编制工作，围绕全国文化中心的发展格局构建、政策保障措施、重大项目储备、核心概念表述等方面，完善全国文化中心建设规划内容。

（供稿人：赵镜宇）

【加强北京市文化创意产业功能区统计监测】 8月，市文资办会同市统计局、国家统计局北京调查总队，制定发布《北京市文化创意产业功能区统计监测实施方案》，明确了文创产业功能区的统计监测范围、内容、频率、实施方式以及责任分工，推动文化创意产业功能区统计监测工作常态化开展。

（供稿人：赵镜宇）

【编辑出版《北京文化创意产业功能区发展报告（2014）》】 年内，市文资办编撰完成了《北京文化创意产业功能区发展报告（2014）》（以下简称《报告》）。报告全文12.5万字，从总体发展、建设实践、评估分析、对策建议等方面，对功能区2014年的发展情况进行了系统总结和分析。《报告》定位准确、数据严谨、对策务实，为《北京市文化创意产业提升规划（2014—2020年）》《北京市文化创意产业功能区建设发展规划（20144—2020年）》发布一年来的形势解读、评估分析提供有力支撑。6月，《报告》在中国经济出版社付梓出版，重点向各区、相关政府部门、文创企业及部分外省市单位发放，获得社会各界的高度评价。

（供稿人：赵镜宇）

【建立文化创意产业功能区统计监测体系】 年内，市文资办与市统计局密切合作，科学确定了功能区统计量化指标，界定了功能区53个片区的四至范围，使功能区的统计监测精确到楼宇，建立了包含74,289个文创企业的名录库，形成较为完善的功能区统计监测体系，为开展文创产业功能区统计监测奠定了基础。

（供稿人：赵镜宇）

【专题研究文化创意产业功能区重点工作】 年内，市文资办开展专题研究，将文创产业功能区发展过程中的突出问题和重点工作分解成“问题梳理、土地利用、知识产权保护、文化金融、专业化公共服务平台、产城融合及街区改造、政府管理服务效能提升、市场化运营管理、京津冀协同发展、统计监测基础能力提升”等10个专题，形成了《创建文化创意产业功能区示范园区工作意见（草案）》，为落实示范园区申报认定、政策先行先试等工作提供路径。

（供稿人：赵镜宇）

【刊发6期《北京文化创意产业发展研究》】 年内，市文资办以服务领导决策、服务企业家战略选择、服务研究者理论探索，为北京文化创意产业发展提供智力支持为目标，编辑发行了6期《北京文化创意产业发展研究》。在总结前两年办刊经验的基础上，进一步明晰刊物特色和定位，突出刊物的理论性、原创性、及时性、专业性，办刊质量和水平进一步提升，获得业界广泛好评。6期刊物共刊载文章70篇，共计40余万字。每期面向中央、省、市、区共350家宣传思想文化系统单位、研究机构和全国百余家文化企业发行5000册。12月，市文资办举行了《北京文化创意产业发展研究》2016年度选题会，邀请业内专家、文稿作者和刊物读者，研讨2016年拟刊载内容，为刊物选题策划提出参考建议。

（供稿人：赵镜宇）

【编发《文资决策参考》】 准确把握首都文化创意产业发展最新形势，聚焦文化投融资、大众创业万众创新、文化消费等关键、热点领域，年内，市文资办陆续编发了《宜高度重视众创空间发展》《“双11”消费盛宴的趋势及启示》《建设副中心 为发展首都文创产业发展创造新机遇》《VR有望成为文创产业新的增长点》《欧洲设计之都柏林的创意发展及借鉴》等近百篇参考文章，为政府科学决策提供精准服务。

（供稿人：耿晓晨）

【超额完成2015年度全市文化创意产业发展指标任务】 截至2015年底，市文资办圆满完成由市政府下达，由市文资办牵头负责的文化创意产业三项指标任务，并且实际完成指标均达到或高于年度预期目标。经初步核算，截至2015年底，北京市文化创意产业实现增加值3072.3亿元，占GDP比重超年度预期目标0.4个百分点；城镇居民人均文化娱乐支出增长率11.2%，超年度预期目标1.2个百分点；文化、体育和娱乐业实现收入684.7亿元，增长率为11%，超年度预期目标1个百分点。

（供稿人：孙盼）

【成立首都文化产业协会】 6月16日，首都文化产业协会揭牌仪式在首都大酒店举行。市委常委、宣传部部长李伟，市政府秘书长李伟，中央文资办主任王家新，文化部文化产业司巡视员孙若风，市文资办主任周茂非等相关部委办局的负责人出席仪式，共同见证揭牌。首都文化产业协会分别与天津市、河北省的文化产业协会签署了《京津冀三地文化产业协会框架合作协议》，与中国工商银行北京市分行、北京银行分别签署了战略合作协议，获得200亿元授信额度。

（供稿人：秦永华）

【超额完成2015年度全市文化创意产业固定资产投资任务】 2015年，北京市文化创意产业固定资产投资稳中有增。截至2015年底，累计完成投资353亿元，同比增长9.2%；完成全年投资计划的110.3%，增速和进度均高于全市整体水平。北京市文化创意产业固定资产投资呈两大明显特征：一是融合类产业项目成为主导，互联网信息服务、软件开发等文化科技产业累计完成投资124亿元，占总投资额的35.1%；主题游乐园、文化旅游景区等文化旅游产业项目累计完成投资87亿元，占总投资额的24.6%。二是民间资本投资成为主要支撑，民营及混合所有制企业总投资额207.5亿元，占比58.8%，超过国有企业成为主要投资来源。

（供稿人：刘璐）

【北京市文化创意产业重大项目建设取得实效】 2015年，市文资办协调推动重大文化创意产业项目30多个。国家对外文化贸易基地（北京）建设进展顺利，编制完成项目（二期）展览展示中心和交易区建设规划；企业集聚区招商工作有序进行，平川国际、菲利克斯猫等4家国内外知名企业签约入驻，与60多家优质企业达成入驻意向。北京文化硅谷建设取得新进展，文化交流中心主体结构封顶，完成总工程量的75%；神州百戏剧场正在进行回填土施工，完成总工程量的30%；综合演艺中心A座结构封顶。恒天时尚创意中心建设取得阶段性进展，位于黄冈的主题乐园子项目正在进行规划设计工作，东坡书院项目已经开工建设。

（供稿人：刘璐）

文化创意产业投融资

【创建国家文化金融合作试验区】 年内，市文资办研究编制《国家文化金融合作试验区工作方案》，开展专题调研，组织相关委办局和各区县召开专题研讨会，广泛咨询业内专家学者意见建议，初步确定了编制思路和方案内容，包括指导思想、工作要求、试点区域、先行先试政策、主要任务、时间安排和保障措施等。总体思路是：打造三个示范区、创新三类政策、构建三大服务体系、实现两个创新。具体工作是：以东城区、西城区、朝阳区、海淀区和丰台区为先导，建设文化要素市场建设示范区、文化金融创新示范区、文化互联网金融示范区；研究制定财政、金融、产业方面的先行先试政策；构建文化创意产业投融资体系、文化金融中介服务体系、文化金融公共服务体系；推动文化金融体制机制和文化金融产品创新。

（供稿人：王晨）

【北京文化产权交易中心建成运营】 5月28日，北京文化产权交易中心落户东城区前门地区。该中心首期由北京市文化投资发展集团有限责任公司、北京东方文化资产经营公司、中国文化产业发展集团公司共同出资成立，拟打造成为全国重要的文化产权交易机构与文化金融创新平台，实现五大创新：一是运营模式、交易制度和交易品种创新，建立集文化资产评估、确权、结算、交易于一体的现代文化产权交易系统。二是集聚资源，全力打造文化产权交易中心、文化产业"互联网+"投融资中心、文化企业孵化中心、文化产权登记托管保护中心、文化产权信息发布中心。三是建立专业化、多样化的文化产权交易子平台，细分至各行业领域。四是促进文化企业聚集，形成辐射全国文化资源的中心要素市场。五是试点文化艺术品资产金融化，推动京津冀文化产业一体化平台建设，创新文化无形资产评估方式，简化文化产权交易、评估、认证程序，打造一站式高效服务。

（供稿人：王晨）

【2015首都文化创意产业投融资项目推介会成效突出】 12月10日，市文资办与北京证监局在北京歌华开元大酒店联合举办了2015首都文创产业投融资项目推介会，市文投集团、IDG、深创投、达晨创投、天星资本、君联资本、启迪创投等60多家知名投资机构，20家银行和担保等金融机构，近200家具有融资需求的首都文创企业400多人参加活动。会议分项目路演和现场推介交流两部分。项目路演由新三板并购、影视、动漫游戏、海归创业和综合5个专场同步进行，40多个优秀文创企业参与现场路演。现场推介交流设立了市文创基金、天星资本、启迪创投、深创投等10多家投融资机构展位，为文创企业融资提供现场咨询服务。

（供稿人：王晨）

【圆满完成2015年北京市文化创新发展专项资金（产业类）项目征集评审工作】 按照北京市文化改革和发展领导小组办公室的总体部署，6月，市文资办启动了北京市文化创新发展专项资金（产业类）项目征集评审工作，陆续完成了项目征集、预审、内容审核、初审、联合评审、现场踏勘、出具评审报告、项目公示、拟定资金支持方案、拨付资金等环节。全年共支持项目231个，带动社会投资100亿元，财政资金的杠杆率为1 ∶ 25。

（供稿人：王晨）

【完善北京市文化创新发展专项资金（产业类）项目征集评审工作机制】 为确保北京市文化创新发展专项资金（产业类）项目征集评审工作有序、高效开展，推动征集评审工作标准化、规范化和科学化，市文资办在全面总结经验的基础上，实现了"三大创新"：一是管理制度创新。按照"1+X"的思路，研究制定了《北京市文化创意产业发展专项资金企业项目征集评审管理办法（试行）》及实施细则共8项制度，作为2015年及以后年度专项资金项目征集、评审及扶持方案测算的唯一依据，为规范专项资金管理提供了科学标准。二是监管机制创新。积极探索“借助银行专业化的服务，实现资金拨后监管”的新模式。从2015年起，获得专项资金支持的项目单位需开立专用账户，由相关银行机构协助市文资办开展专项资金拨后监管工作。三是评审方式创新。将拟支持项目公示与完善“黑名单”制度协同推进，邀请市人大、市政协、市委巡视组和新闻媒体记者等全程参与项目征集评审，加大各部门及社会监督力度。

（供稿人：王晨）

【建设完善首都文化创意产业投融资信息服务平台】 年内，市文资办在原有首都文化创意产业信息服务平台基础上，进行页面布局调整、内容更新等工作，进一步完善首都文化创意产业投融资服务信息服务平台，扩大了文化创意产业投融资信息的聚集容量。

（供稿人：王晨）

首都文化消费

【第三届北京惠民文化消费季消费总额突破110亿】 8月至11月，市文资办联合市文化局、市文物局、市新闻出版局广电局举办了第三届北京惠民文化消费季，开展了23场专项和特色展销活动及16区（县）百余场专题活动，累计消费人次4857.41万，消费金额112.1亿元。

（供稿人：汪卉）

【北京文化惠民卡被列为“北京市2015年重要民生实事项目”】 按照北京市2015年重要民生实事项目关于“免费向市民发放100万张具有打折、积分功能的文化惠民卡，市民持卡可享受低价文化产品及服务”的任务要求，全年发放文惠卡109.4万张，拓展商户1002家，圆满完成任务指标。

（供稿人：花小蒋）

【市文资办与腾讯公司签署《“互联网+文化”合作框架协议》】 5月14日，市文资办与腾讯公司正式签署《“互联网+文化”合作框架协议》，立足北京市科技创新、文化创新“双轮驱动”战略，积极推动文化创意产业与互联网的深度融合，在文化投资、文化消费、创新创业、人才培养等领域开展多角度、深层次的务实合作。

（供稿人：汪卉）

【编发《2015北京文化消费指南》】 在第三届北京惠民文化消费季活动现场，市文资办面向社会免费发放了5万余册《2015北京文化消费指南》，对全市部分文化消费场所进行简要介绍，为广大市民和游客提供了较为全面的北京文化消费指引。

（供稿人：汪卉）

京津冀文化创意产业协同发展

【举办第二届北京市文化创意产业项目推介及签约会】 4月29日，市文资办以“推动产业园合作对接，深化京津冀协同发展”为主题，举办第二届北京市文化创意产业项目推介及签约会。活动现场，京津冀地区18家代表性园区进行重点展示，66家文化创意产业园区代表共同发起并签署了《京津冀文创园区协同发展备忘录》，多家企业代表围绕“互联网时代下京津冀未来园区发展模式”“园区企业期待的未来园区管理模式”“老旧工业厂房改造带来的文创园区发展契机”“河北、天津对于北京园区的合作需求”“跨区域融资解决方案”“未来文创市场发展趋势分析及展望”等话题进行了充分研讨，取得了丰硕成果，获得社会广泛关注。

（供稿人：刘璐）

【举办第三届京津冀文化创意产业合作暨项目推介会】 11月23日，市文资办以“深入挖掘文化底蕴，推动产业协同发展”为主题，举办第三届京津冀文化创意产业合作暨项目推介会，来自京津冀三地的70余家文创园区管理单位和企业代表参会。本次活动上，北京市东城区、天津市南开区和河北省邯郸市首次作为主宾城区，进行了重点园区、项目展示、宣传和推介。市文投集团、发行集团、工商银行北京市分行、恒天时尚投资发展公司等30家文创企业和投融资机构代表，赴天津南开和河北邯郸开展项目考察，促成一批项目对接。其中，北京文化产权交易中心与北京市东城区、天津市南开区、河北省邯郸市共建文化产业协同发展服务平台。北京东方嘉诚文化产业发展有限公司并购天津C92创意产业聚集区一期及所属项目公司。中国（天津）自贸区物都国际商品交易中心与河北省邯郸聚福园茶文化有限公司合作投资中华传统文化时尚精品展示交易中心。华宇传奇（北京）文化传媒有限公司与河北省邯郸市峰峰矿区区委宣传部联合拍摄电影《磁州窑》等。

（供稿人：刘璐）

文化创意产业“走出去”

【2015年“欢乐春节北京文化庙会·台北之旅”隆重举办】 2015年“欢乐春节北京文化庙会·台北之旅”于2月27日至3月8日（正月初九到正月十八）在台北花博公园舞蝶馆举行，活动主题为“传播中华文明，创新输出渠道，搭建展示平台，促进文化融合，加强产业合作”。活动分为特色文化产品展示、会场演出、企业交流和产品展销四个版块。作为此次活动的重要成员单位，厂甸庙会百余号“原班人马”的加盟，让台北民众体验到不一样的节日味道。舞剧《孔子》首次登陆台湾，在台北中山纪念馆演出

数场，受到台湾民众热烈欢迎。活动期间，客流量达150万人次，现场销售收入1580万台币，签订合同金额6200万台币，协议金额近5亿台币。

（供稿人：裴琼）

【第七届北京文化创意产业展在台北举办】 4月23日至26日，北京文化创意产业展（台北）在台北举办，展出面积800平方米，汇集40余家北京地区优秀文化创意企业，展品囊括工艺美术精品、珠宝艺术品、图书出版物、动漫游戏等门类，现场销售及协议金额达2.3亿元。期间，还举办了文化创意产业研讨会暨项目推介会，两岸资深业界人士80余人参加，推介北京优秀文化项目。

（供稿人：裴琼）

【策划举办第十一届深圳文博会北京展区活动】 5月14日，第十一届中国（深圳）国际文化产业博览交易会在深圳会展中心开幕。中共中央政治局委员、中央书记处书记、中宣部部长刘奇葆在中共北京市委常委、宣传部部长李伟等领导陪同下，参观了由市文资办承办的北京展区。当日，第七届“全国文化企业30强”榜单在深圳文博会上发布，北京企业占据10席。北京市推荐报送的保利文化集团股份有限公司、北京万达文化产业集团有限公司、完美世界（北京）网络技术有限公司、山水盛典文化产业有限公司、北京华录百纳影视股份有限公司等5家企业榜上有名。另有5家总部设立在北京的央企上榜，分别是中国对外文化集团公司、中国电影股份有限公司、中国国际电视总公司、中国出版集团公司、中国教育出版传媒集团有限公司。

（供稿人：汪卉）

【第十九届京港创意设计交流会在香港开幕】 11月27日至28日，由市文资办、创意香港办公室等单位联合主办的京港洽谈会创意设计交流会和文化企业对接会在香港举办。活动包括政策解读、主题演讲和现场互动交流三个部分，京港两地政府官员、专家学者、企业高管、行业协会负责人等80余人参加活动。京港文化企业对接会上，北京文创产业代表团与Pico(香港)有限公司、柏斯音乐集团、亚太日报等香港企业进行交流。北京市文化投资发展集团、东道品牌创意集团、尚巴(北京)文化有限公司等16家文化企业随团赴港。

（供稿人：裴琼）

【举办2015北京—米兰文化创意设计高端推介会】 5月29日，市文资办以“共寻机遇、创意未来”为主题，在意大利米兰市举办“2015北京—米兰文化创意设计高端推介会”，活动内容包括嘉宾致辞、大赛作品发布、专题推介、洽谈交流四个环节，涉及设计服务、文化艺术、广播影视、艺术品交易、广告会展等文化创意产业各主要领域。中意两国政府机构、知名设计企业、新闻单位的代表参加展示和交流活动。

（供稿人：裴琼）

【举办中国青年设计师驻场四季计划】 6月，市文资办与市政府外办共同举办“中国青年设计师驻场四季计划”。从北京地区选派4批青年设计师赴葡萄牙开展为期30天的访学活动，促进中葡设计产业人才交流与商贸合作，共同开拓欧洲市场。

（供稿人：裴琼）

【市文资办代表团赴印度开展文化交流】 6月，市文资办代表团赴印度访问，与中印经济文化促进会、印度国家软件与服务企业协会（Nasscom）、Infosys公司的代表就促进文化科技融合、开拓印度及南亚地区软件市场、文创产业人才培养等内容进行交流。

（供稿人：裴琼）

【市文资办代表团赴西班牙开展文化交流】 6月，市文资办代表团出访西班牙加泰罗尼亚大区，与拉蒙尤伊学院负责人就搭建中西文化交流平台，支持两国文化交往和贸易合作等事宜进行洽商。

（供稿人：裴琼）

【市文资办代表团赴德国开展文化交流】 6月，市文资办代表团赴德国访问，与慕尼黑、法兰克福市政府有关工作人员进行会谈，拟对北京外向型文化企业在德国举办相关文化交流和项目推介活动给予充分支持，集中展示中德两国文化发展成果，促进两地文化商贸合作。

（供稿人：裴琼）

【支持蓝色光标传播集团收购英国We Are Social（WAS）公司】 6月，市文资办代表团陪同市领导赴英国参加蓝色光标传播集团收购We Are Social（WAS）公司揭牌仪式，与蓝色光标传播集团和WAS公司负责人就推进北京市优秀文创企业和项目走进欧洲市场事宜进行商洽。

（供稿人：裴琼）

【北京文化创意产业展示中心2015年累计接待人员8628人次】 2015年，北京文化创意产业展示中心共完成324个团体接待工作，累计接待人员8628人次，同比分别上升了40%和67%。按接待对象分类：党政机关89场次，共1671人；企事业166场次，共2963人；外省市单位35场次，共488人；涉外接待2场次，共41人；学会、协会组织6场次，共65人；举办各类活动26场次，共3400人。按接待级别分类：部级领导5场次，共10人；局级领导68场次，共336人；局级以下领导干部接待251场次，共8282人。

（供稿人：石燕玲）

【举办“逍遥游——中比女版画家三人展”】 由北京虚苑文化艺术发展有限公司与比利时列日皇家美术学院共同主办，北京文化创意产业展示中心协办的“逍遥游——中比女版画家三人展”3月25日至4月15日在北京文资虚苑美术馆举办，分别展出了来自比利时、中国的3位女艺术家的版画艺术作品，旨在通过展示不同文化背景下，艺术家在艺术语言与创作观念上的差异与碰撞，吸收与融合，促进中比两国的版画艺术交流。

（供稿人：石燕玲）

【举办“无用之用——虚苑复数艺术作品展”】 5月16日至24日，由北京虚苑文化艺术发展有限公司主办，北京文化创意产业展示中心协办的“无用之用——虚苑复数艺术作品展”在北京文资虚苑美术馆举办，展览精心挑选了北京虚苑近年收藏的版画、雕塑、金银器等作品近百件，同时，展出毕加索、米罗、达利、塔皮埃斯等国际知名大师的版画精品，以及刘国松、徐匡、陈琦、王超、雷子人、国怀兴等国内艺术家的近期力作。

（供稿人：石燕玲）

【举行“锐不可当——第二届虚苑版画新锐奖获奖作品展”暨颁奖仪式】 9月19日，由北京虚苑文化艺术发展有限公司主办，北京文化创意产业展示中心协办的“锐不可当——第二届虚苑版画新锐奖获奖作品展”在北京文资虚苑美术馆开幕，现场还举行了“新锐奖”颁奖仪式。

（供稿人：石燕玲）

文化与科技等相关产业融合发展

【确立文化创意和设计服务与相关产业融合发展推进机制】 年内，为贯彻落实《国务院关于推进文化创意和设计服务与相关产业融合发展的若干意见》（国发〔2014〕10号）精神，市文资办牵头制定了《北京市推进文化创意和设计服务与相关产业融合发展行动计划（2015—2020年）》（以下简称《行动计划》）。4月7日，《行动计划》由市政府正式印发，文号为京政发〔2015〕20号。加快政策落地实施，市文资办联合市统计局，启动了《北京市文化创意和设计服务与相关产业（数字内容产业、旅游业）融合发展统计监测体系建设及评估分析研究项目》的研究编写工作，组织60多家单位，编写报送两期融合发展工作报告，获得充分认可。

（供稿人：杜梦）

【建设运营北京文化大数据产业园】 6月12日，市文资办与鹏博士电信传媒集团股份有限公司、新华通讯社北京分社签署战略合作框架协议，共同建设北京大数据产业园项目，构建文化信息化企业的重要聚集基地。其中，由市文资办给予政策指导和支持，新华社发挥信息资源优势提供新闻信息产品，鹏博士借助庞大的“互联网+”及数据传输渠道，积极参与大数据应用、大数据产业孵化、大数据终端产品开发和业务拓展，发力文化信息产业，服务首都文化大数据产业。

（供稿人：耿晓晨）

【举办“2015年北京市文化融合发展项目合作推介会”】 10月30日，在第十届北京文博会期间，市文资办以“跨界合作，融合发展”为主题，举办了“2015年北京市文化融合发展项目合作推介会”，来自相关政府部门、文创企业、金融机构、研究院所、报刊杂志社等单位的200多人参加活动。活动现场，近百家企业进行了项目推介，签约项目22个，签约金额11.25亿元。

（供稿人：杜梦）

【推动文化科技融合项目纳入市级科技计划绿色通道】 年内，为进一步发挥政府引导作用，支持文创产业公共技术服务平台建设，推进传统媒体、新兴媒体和媒体大数据融合发展，市文资办从众多文化科技融合项目中，遴选了北京洛可可科技有限公司“基于协同创新的孵化平台研发及推广”战略领域项目，申报市科委2015年市级科技计划绿色通道项目，获得100万元立项资金支持。

（供稿人：杜梦）

文化创意产业人才队伍建设

【举办“市文资办系统及非公文创企业党组织负责人教育培训班”】 4月7日至4月30日，市文资办连续举办了4期“市文资办系统及非公文创企业党组织负责人培训班”。培训班邀请有关专家重点讲授了党史、基层党建、文创政策、产业发展趋势等内容。市文资办机关、直属事业单位和全市非公文创企业的200余名学员参加培训。

（供稿人：翟卫国）

【举办“文化创意产业专业技术人员能力建设高级研修班（国家级）”】 8月23日至28日，市文资办与市人社局联合在清华大学举办“2015年文化创意产业专业技术人员能力建设高级研修班（国家级）”，来自全国10个省、市、自治区、直辖市的文创产业管理机构、文创企业、高校共71名学员参加研修。培训采取专家授课、现场教学、案例分析等形式，主要讲授了文创产业投融资、城市文化品牌形象的塑造与传播、大数据对未来社会的影响、宏观经济形势、国际战略局势、领导力与执行力等内容。

（供稿人：翟卫国）

【举办“北京市文创领域高级经营管理人员培训班”】 7月6日至8日，市委组织部与市文资办联合在市委党校一分校举办“北京市文创领域高级经营管理人员培训班”。北京市文创领域高级经营管理人员、西藏地区文创单位干部共62人参加培训。重点解读当前总体经济形势，文创产业发展的指导思想和主要政策、商业模式，分析新常态下文创产业发展的现状和特点，把握产业未来前进的方向和趋势。

（供稿人：翟卫国）

【举办“北京市文创领域人员艺术管理高级研修班”】 3月16日至20日，市文资办在北京大学举办“北京市文创领域艺术管理高级培训班”，各区（县）委宣传部、文促中心以及央企、市属企业、非公文创企业共60余人参训。来自北京大学、中央财经大学、台湾铭传大学等海内外高校的专家学者，从艺术资产管理、艺术金融分析、创意战略、当代艺术等方面进行授课。此外，本次培训设置了项目路演环节，向参训单位展示推介了古北水镇、斑马小镇、零极限等项目。

（供稿人：翟卫国）

【举办“对外文化贸易骨干人才培训班”】 11月，市文资办举办“对外文化贸易骨干人才培训班”，北京市文化贸易企业、中介服务机构代表参加了培训。培训班以专题讲座、互动讨论、实地参观等方式，重点介绍了北京市文化贸易发展的基本情况，政府推进对外文化贸易发展的主要举措，深入分析了北京对外文化贸易的相关问题，与会企业就拓展国际市场的经验做法进行了交流。

（供稿人：裴琼）

【支持知名文创企业招聘暨创业指导交流会赴首都高校宣讲】 12月9日至18日，市文资办举办“2015北京文创知名企业招聘暨创业指导交流会”校园宣讲会，围绕“服务文创人才，服务文创企业，服务文创产业发展”，组织中国对外文化集团公司、北京出版集团有限责任公司、北京国际广告传媒集团有限公司、中央新影集团北京科影传媒有限公司、北京东道形象设计制作有限责任公司、北京汇众益智科技有限公司、中文在线数字出版集团股份有限公司、依文集团、北京市文化创新工场投资管理有限公司等文创企业及园区管理单位，赴北京大学、中国人民大学、清华大学、中国传媒大学、北京服装学院等5所高校进行宣讲，整合首都文创企业的资源优势，搭建文创企业和高校优质人才互动交流平台，畅通人才就业服务渠道。

（供稿人：王东琴）

【建成文创领域高层次人才党员之家】 市文资办与北京双高人才发展中心合作，探索完善高层次文创人才党员队伍服务管理。其中，“文创领域高层次人才党员之家建设”项目入选“北京市基层党建创新项目孵化工程”。

（供稿人：林燕）

【举办“2015北京市文化创意产业高级人才研修班”】 9月20日至27日、11月1日至8日，市文资办举办了两期“2015北京市文化创意产业高级人才研修班”，130名区县文创主管部门、文创企业高级管理人员参加培训。

（供稿人：孙盼）

文化经济政策服务

【完善北京市文化创意产业法律服务体系】 年内，市文资办全面推动文化法律服务体系建设，立足企业需求，策划开展5期法律沙龙活动，邀请专家学者，针对文创企业上市融资、知识产权保护等关键问题进行授课，受益企业超过百家。编辑出版《文创产业法律实务手册》，加强法律条文解析及案例分析，引导企业合法经营。编写《北京市文化产权交易法律索引》，促进合法依规交易。持续推动文化产业立法研究，深入调研，起草完成《北京市文化创意产业发展促进条例（草案）》。

（供稿人：耿晓晨）

【北京市文化经济政策平台与北京投融资商会签署战略合作协议】 10月15日，北京市文化经济政策平台与北京投融资商会正式签署战略合作协议，将整合双方优势资源，完善文化金融相关政策服务，促进文创项目与金融资本对接，共同构筑北京文化创意产业发展的良好生态。

（供稿人：韩正瑞）

【促成上海丰实基金与门头沟文促中心洽商合作】 9月10日，上海丰实投资基金管理公司正式落户北京市门头沟区，该基金公司与门头沟区文促中心、中关村科技园区门头沟园管委会达成合作意向，重点支持门头沟区文创企业发展。

（供稿人：蒙冰冰）

【举行北京市文化经济政策平台公众开放日活动】 7月30日，北京市文化经济政策平台公众开放日活动正式举办，“新华1949”文化创意产业集聚区内近10家文创企业参与活动。工作人员现场为企业详细讲解了文化创意产业投融资、文创人才培养与引进等热点政策，对《北京市艺术系列（动漫游戏）专业技术资格评价试行办法》等政策研究成果进行推介。

（供稿人：郑志忠）

【举办“文创小微企业众筹、新三板、创业板、主板上市及法律风险防范”主题沙龙活动】 9月10日，文创企业“文化金融融合”创新发展系列讲座第一期在北京市文化经济政策平台开讲。华江文化、中关村高端人才创业基地、格瑞仕、中印集团等23家企业派出代表参与本次宣讲。专家就小微文创企业主板、创业板、新三板上市、众筹等问题分别进行了多层次、多角度的讲解。

（供稿人：蒋耀琳）

【举办“众筹融资及众筹融资在文创企业中的运用”主题沙龙活动】 10月28日，北京市文化经济政策平台系列讲座第二期“互联网金融+文创大变局”主题宣讲活动举办，中关村多媒体产业园、文金资产管理有限公司等30余家企业派出代表进行宣讲，天使街股权众筹平台负责人就众筹融资理念及实际应用进行了深度剖析。

（供稿人：牛潞珍）

【举办“文创企业劳动法律风险防控”主题沙龙活动】 12月17日，由市文资办主办、北京市文化经济政策平台承办的“文创企业劳动法律风险防控”主题沙龙在北京文化创意产业展示中心文韵厅举行，华夏银行等12家金融机构和文创企业参与活动。活动现场，北京安博律师事务所合伙人、中国传媒大学教授张静等业内专家向与会企业人员讲授了劳动法律方面的政策法规，并就具体问题进行了答疑。

（供稿人：周礼乐）

第五部分

监管企业改革发展

北京市文化投资发展集团有限责任公司 2015年改革发展情况

5月30日，市文资办、房山区政府、文资泰玺资本合作共建北京基金小镇签约仪式举行。

一、基本概况

北京市文化投资发展集团有限责任公司（简称“文投集团”）成立于2012年12月11日，是由北京市人民政府授权北京市国有文化资产监督管理办公室成立的国有独资公司，注册资本60亿元（现金），为市属一级企业。

文投集团作为首都文化创意产业发展的投融资平台，围绕市委市政府建设全国文化中心的战略部署，通过专业化、市场化的投融资服务与资本运作，推进北京市文化创意产业发展。

文投集团成立以来，着力在文创产业投融资服务体系建设、文化要素市场建设、文创产业功能区建设、重大项目投资、文创产业股权投资等方面进行业务布局，各项业务发展迅速。目前，集团资产总额超过240亿元，

6 月 30 日，松辽汽车股份有限公司 2015 年第四次临时股东大会召开。

7 月 16 日，北京文资光大文创产业投资管理有限公司揭牌暨项目合作签约仪式举行。

发起设立北京市文化创意产业投资基金、北京市文化中心建设发展基金、影都文化发展投资有限公司、北京市文化科技融资担保有限公司、北京市文化产业小额贷款股份有限公司、北京市文化科技融资租赁股份有限公司、北京市文化创新工场投资管理有限公司等文化金融机构，形成“投、保、贷、孵、融”多支点、全方位的服务体系；以组建北京市文化产权交易中心为突破，积极推进首都文化要素市场建设；以文创基金产业园开发建设为起点，投资中国宋庄艺术小镇、北京基金小镇、中国（怀柔）影视产业示范区影创空间等重点项目，布局北京市文化创意产业功能区建设；贯彻落实北京市委市政府重大项目部署，投资国家体育场、环球影城等项目；对 A 股上市公司文投控股（SH600715）实施并购重组，对纳斯达克上市公司“航美传媒”优质资产实施收购，打造资本市场平台，整合文化产业资源；设立文化创意产业服务公司，全方位服务于文化金融合作。集团联合各省级文化投资集团共同发起设立全国文化产业投资联盟，旨在构建文化产业跨区域深度交流与合作的平台，发挥北京作为全国文化中心的辐射引领作用。

二、主要经济指标

截至 2015 年 12 月 31 日，文投集团合并资产总额 241.75 亿元，较上年增长 213.93%；营业总收入 14.28 亿元，较上年增长 288.10%；利润总额 4.11 亿元，较上年增长 226.67%；净利润 2.88 亿元，较上年增长 223.12%；2015 年，上交税费总额 1.86 亿元，较上年增长 540.2%；集团合并范围内在职员工 2276 人，较上年增长 506.93%。

7 月 31 日，影都文化投资发展有限公司与深圳市益田集团股份有限公司签约，收购影人峰汇写字楼。

9 月 23 日，北京市文化科技融资担保有限公司与北京长江传媒有限公司签署战略合作协议。

12 月 4 日，“房山区承接非首都核心功能疏解，服务金融创新”座谈会在北京基金小镇国际会议中心召开。

北京市文化经济政策服务平台正式启用，面向全市文创企业提供政策、项目、人才等“一站式”服务。

北京文化创新工场举行“纪念抗战胜利70周年”园区非公文创企业党员主题教育活动。

三、社会效益和经济效益情况

（一）首都文化投融资服务体系

北京市文化创意产业投资基金管理有限公司联合社会资本，按照文创产业细分行业，设立16只子基金，认缴规模为150亿元，累计投资额超过20亿元。文化中心建设基金首期资金规模200亿元，已完成18.6亿元的投资。北京市文化科技融资担保有限公司着力打造文创企业担保服务平台，审批担保项目308笔，金额67.63亿元，实现净利润5983万元。北京市文化科技融资租赁股份有限公司积极开展文化无形资产融资租赁业务，投放项目47笔，投放金额33.91亿元，实现净利润1.05亿元。北京市文化产业小额贷款股份有限公司发放贷款42笔，贷款额2.05亿元，实现净利润961万元。

（二）文创产业重大项目建设

积极支持重大文化基础设施项目建设运营，对国家体育场有限责任公司增资3.6亿元，成为国家体育场有限责任公司重要股东之一。投资4.95亿元，参与建设北京环球影城主题公园项目。该项目占地面积100公顷，总投资额超过200亿元人民币。

（三）文创产业园区建设

北京基金小镇总面积18平方公里，一期建设用地1.03平方公里，规划建筑面积90万平方米，整合产业链上下游资源，为入驻企业提供政策、环境、人文、科技、品牌等高端服务，构建基金行业生态圈。目前，基金小镇已吸引87家基金机构入驻，管理资产规模超过1600亿元。布局文创基金产业园、中国宋庄艺术小镇、中国（怀柔）影视示范区影创空间等项目。北京文化创新工场按照“一园多基地”发展构想和“管家式”服务要求，以“新华1949”核心园区为基础，在丰台、朝阳、大兴、亦庄等开拓8个园区，吸引140多家文创企业入驻。

（四）文化要素市场建设

北京文化产权交易中心有限公司交易系统于12月8日正式上线，累计交易额超过2亿，平台流动资金超过百亿。

（五）企业并购

充分利用资本市场，开展并购重组、定向增发，整合上市公司松辽汽车（SH600715），注入发展潜力大、盈利空间好、市场影响力大的院线和游戏资产，构建上市公司平台。公司市值从不到15亿元增至300多亿元。并正式更名为“文投控股”。文化中心建设基金与龙德基金通过拆分VIE的方式，并购纳斯达克上市公司航美集团75%的股权，实现对优质产业资源的控制。目前，已完成收购交割工作，正在进行投后管理，市场预期效果良好。

（六）企业管理

积极建章立制，健全完善企业法人治理结构，加强财务预算管理制度体系建设，优化企业人力资源管理，扎实推进内控风险管理，保障集团各项业务规范开展。

北京国际广告传媒集团有限公司 2015 年改革发展情况

▶ 京广传媒集团承办“第三届北京国际友好商协会大会”。

一、基本概况

北京国际广告传媒集团有限公司（简称“京广传媒集团”）成立于2013年6月17日，是北京市属大型国有广告传媒集团，出资人为北京市国有文化资产监督管理办公室，一期注册资本金1亿元人民币，落户北京国家广告产业园区主楼，业务范围涵盖广告策划、活动会展、公关策划、新媒体、舆情大数据以及文化演艺等领域。旗下子公司3家，包括京广互动（北京）广告有限公司、京广网舆（北京）信息服务有限公司、京广添玺（北京）广告传媒有限公司。

二、主要经济指标

截至2015年12月31日，京广传媒集团资产总额28,335万元，同比增长89%；营业收入 18,809 万元，同比下降 5%；利润总额 -463 万元，同期利润总额 650 万元；净利润 -469 万元，同期净利润 430 万元；上缴税金 872 万元，同期增长 87%；在册人员 95 人。

三、社会效益和经济效益情况

（一）广告业务

持续获取优质媒体资源，尝试打造多业态广告形式与公关服务相融合的整合营销产业链，进一步扩大在业界的品牌影响力。获得东四环及京津塘高速 6 根单立柱广告牌独家经营权、北京广播电台教育行业广告独家代理经营权，新疆卫视、云南卫视广告独家代理经营权，签署全国万达广场 92 块 LED 大屏广告独家代理协议，与中国移动子公司卓望公司签订地产行业独家代理协议。集团以互联网金融行业、汽车行业、房地产行业为突破口，抓取上述行业中的龙头企业，多

京广传媒集团承办“许巍 2015 · 此时此刻巡回演唱会”。

京广传媒集团承办“2015 年意大利米兰世博会北京周活动”。

京广传媒集团承办“2015 中国—阿拉伯国家农业高端研讨会”。

京广传媒集团与美中友好协会合作拍摄《巴渝山城—美丽重庆》。

方联络媒体资源，与各大4A公司、传媒公司建立密切的业务往来，融广告策划、公关宣传为一体，积极促进单一广告投放向整合营销产业的转变。2015年，实现广告收入13703万元，占集团收入总额的73%。

（二）活动会展业务

积极承接市文资办、市贸促会等政府部门主办的活动项目。先后完成米兰世博会“北京活动周”、第三届北京惠民文化消费季、第三届北京国际友好商协会大会、中国文化企业“走出去”国际合作论坛暨项目推介交流会、北京市文化融合发展项目合作推介会、中阿博览会农业高端论坛、重庆旅游形象在美国推广等多场大型会议及活动的策划设计、服务保障、宣传推广等工作。与此同时积极开拓商业项目，先后承接中再资产十周年庆、丽景长安地产全案服务、嘉都地产创意设计、海军装备研究院文化建设、全聚德品牌宣传推广等项目。2015年，实现会展收入1858万元，占集团总收入10%。

（三）舆情业务

继续探索发展舆情大数据业务，提升原有项目舆情服务水平，多方开拓大型企业客户。针对最高人民法院对舆情工作提出的新标准和新需求，积极调整新闻服务板块，全力提升服务质量；拓展以北汽福田、蓝盾公司、深圳金光华实业集团等大型企业集团的舆情分析、数据监测服务；拓展网络视频舆情监控方向的流媒体大数据业务，与具备国际领先专利技术能力的供应商开展合作，为市广电局等政府职能部门提供业务支持；自主设计研发“北京网宣指数”考评体系，对网宣新闻进行效果分析，向市网信办提供数据参考。2015年，实现舆情业务收入769万元，占集团收入总额的4%。

（四）产业拓展

在资本运作、文化产业链搭建、新媒体融合等方面与外界进行多重合作。与信达证券、清华启迪等机构积极磋商，探寻共同筹建广告产业基金的契合点，共同打造国际广告产业投资基金；与望京网、回龙观网合作，打造北京地区全新的服务于民、普惠于民的15分钟生活圈和智慧社区，同步实现政府新闻、信息的大范围准确化传播。

（五）企业管理及党建工作

一年来，组织全体员工学习习总书记“8·19”宣传思想工作会议、中央文艺座谈会等重要讲话精神及《新广告法》《中共中央、国务院关于深化国有企业改革的指导

京广传媒集团承办第十届文博会 · 中国文化企业“走出去”国际合作论坛暨项目推介交流会。

京广传媒集团获得 2016 年北京人民广播电台教育行业独家代理权。

京广传媒集团获得东四环及京津唐高速 6 根单立柱广告牌独家经营权。

意见》，召开民主生活会、全体党员大会、支部委员会议（含扩大会）等各类会议 10 余次，传达党的方针政策，对集团的重大事项进行研究和决策，先后修订和出台了《规范和执行“三重一大”制度办法》《党员领导干部廉洁自律规定》等 35 项规章制度，完成组织机构设置优化工作、全员竞聘工作及部分缺编中层岗位的竞聘工作，编制了《京广传媒集团 2015 年度绩效考核方案（草案）》，通过健全人才管理制度，完善考核体系，最大限度地激发人才的创新能量和活力，有效增强了各项制度的执行力。

北京出版集团有限责任公司
2015 年改革发展情况

一、基本概况

北京出版集团有限责任公司（简称“北京出版集团”）前身为 1948 年成立的北平大众书店，新中国成立后，调整为北京大众出版社，1956 年正式更名为北京出版社。1999 年，成立北京出版社出版集团，为国家首批七家试点出版集团之一。2009 年 5 月 28 日挂牌，7 月 31 日注册成立北京出版集团有限责任公司。目前集团下属 8 家专业副牌出版社、5 家杂志社和 14 家子公司。

二、主要经济指标

截至 2015 年 12 月 31 日，北京出版集团共生产图书 7659 种，造货码洋 35.2 亿元，

“品读北京——北京出版集团 2015 精品图书巡展暨两地出版文化交流活动”开幕式。

“走读健康 · 京版集团健康专家宣讲团活动”进社区。

4.23 世界图书与版权日纪念活动。

“十月作家居住地 · 布拉格”作家交流活动。

“十月作家居住地 · 西藏”揭幕。

分别比 2014 年增长 13.2%、27.7%。出版效率在业内排名第一位，图书零售市场码洋占有率居全国出版集团前 10 位，全国出版社前 3 位。

北京出版集团总资产 23.2 亿元，利润总额 9963 万元，营业收入 7.7 亿元，净利润 8200 万元，上缴税金 3002 万元，比 2014 年分别增长 14.8%、39%、8.5%、30% 和 3.5%；在册人员 830 人，比 2014 年增长 0.05%。

三、社会效益和经济效益情况

夯实管理基础，提高运行效率。全面落实党委主体责任和纪委监督责任，开展规章制度大检查。完成集团“十三五”时期发展规划编制工作，确立集团未来 5 年的发展方向和战略任务。深化质量管理措施，完成国家质量年活动重点检查类型图书自查工作。阶段性完成绿色印刷工作，全年获得奖励资金 430 万元。加强队伍建设，在全集团广泛开展市场调研，形成调研成果88篇；举办编辑业务培训、管理制度培训等各类内部培训14期；选派41名青年编辑参加6期基本编辑业务和校对业务轮岗培训。

培育精品产品线，增强出版能力。强化主题出版工作，成立主题出版领导小组，组建主题图书出版事业部，设立500万元董事长专项基金。其中，《中国特色社会主义道路的历史与走向》入选中宣部、总局主题出版重点出版物选题；《中国复兴枢纽——抗日战争的八年》《中国抗日根据地发展史》等5个项目入选中宣部百种经典抗战图书；重点参与完成的“北平抗战实录丛书”和《伟大的贡献》入选总局纪念中国人民抗日战争暨世界反法西斯战争胜利70周年重点选题。全年共96种图书、期刊荣获国家级、省部级等54类奖项。其中，《中国京剧图史》、“香港儿童文学名家精选”、《雅鲁藏布的眼睛：大峡谷生物多样性观测手册》获第五届中华优秀出版物奖；《北去来辞》《耶路撒冷》《吾血吾土》入围“第九届茅盾文学奖”前10名提名；“神奇科学”等3种入选“2015年向全国青少年推荐百种优秀图书”。《新中国捐献文物精品集》等4种图书入选2015年度国家出版基金项目。《藏北十二年》等9种图书入选北京市2015年文化精品工程重点项目。

拓展新媒体业务，促进融合发展。完成科普创新多媒体平台建设。承启文化公司入选国家第二批数字出版示范单位，打造的父母必读养育科学传媒平台用户数量呈快速增长态势，已聚集互联网用户390万。北教传媒跨学网上线运行，已拥有1400万道试题和13万节视频的课程资源库，为实现线上线下教育全覆盖打下基础。创建京版教材数字资源平台，初步形成全方位、系列化、立体化

“承启公司父母必读杂志社35周年”活动。

北教传媒被评为“2015 年度新三板十大最具投资价值挂牌公司”。

的教材出版格局。

深化体制机制，增强发展活力。北教传媒文化公司成功完成股票定向增发，共募集资金 8004 万元，并荣获“2015 年度新三板十大最受关注挂牌企业”称号；码洋占有率稳居全国前四、动销品种全国第一。北京十月文化传媒公司市场占有率稳居文学细分市场前 6 名，《平凡的世界》全年销量达 170 多万套。京版北美公司深耕艺术、摄影类出版领域，北京美术摄影出版社在开卷摄影类市场位居第 8 名。承启文化公司增资扩股工

“品读北京——北京出版集团 2015 精品图书巡展暨两地出版文化交流活动”图书展览。

2月11日，北京出版集团与北京电视台联合举办的春节特别公益活动“带本书，给家乡的孩子们” 授书仪式在京举行。

作取得突破性进展，《父母必读》《少年科学画报》分别获“2015年百强社科报刊”“2015年百强科技期刊”荣誉称号。北少芳草公司产品覆盖全国近万所幼儿园，幼儿园直营商近400家，形成集新媒体、玩教具和纸质图书为一体的核心产品。京版梅尔杜蒙公司在多元产品开发方面逐步打开局面。伦洋公司成功承办市出版广电局多项文化活动和阅读季“领读者”培训。

发力品牌建设，提升市场影响力。成立十月文学院，并在捷克首都布拉格和中国西藏拉萨市建立“十月作家居住地”。在内蒙古、河北等地建立京版集团专营店11家。持续举办“带本书给家乡的孩子们”“京版大众文化讲座”“走读健康·京版集团健康专家宣讲团活动”“文学家、科学家进校园”等特色公益活动200余场。《苏辛词说》入选“2015年度中国好书”；《平凡的世界》获“2015书业年度评选虚构类畅销书奖”；《80后，怎么办》《生活如此而已》获2015“商报·腾讯原创华文好书”；《野蛮生长》获“2015年度中国影响力图书（文学类）”；《新中国捐献文物精品全集》获“2015年《新京报》年度文献整理致敬好书”。

创建“品读北京”品牌，推动文化“走出去”。在台举办“品读北京——北京出版集团2015精品图书巡展暨两地出版文化交流活动”，推出19项30场次文化活动，达

北教传媒跨学网与百度作业帮合作仪式。

成合作项目26个。完成白俄罗斯明斯克国际书展中国主宾国活动和2015美国书展中国主宾国活动参展任务，其中“写作是平的：中美青年实力派作家对话”活动获总局颁发的优秀活动奖。举办“中俄作家研讨会”，促进中俄作家互动交流。《雅鲁藏布的眼睛：大峡谷生物多样性观测手册》《花丝镶嵌》《五音大鼓》入选“经典中国国际出版工程”，22个项目入选“丝路书香”工程。

北京演艺集团有限责任公司
2015 年改革发展情况

北京民族乐团原创音乐舞台秀《五行》。

一、基本概况

北京演艺集团有限责任公司（简称“京演集团”）是北京市政府直属的国有大型独资文化企业，组建于 2009 年 5 月，肩负着整合资源，打造国有骨干文化企业，服务北京文化中心建设，发挥全国文化体制改革示范引领作用的重要使命。目前，京演集团已发展成为集文化演出、电影产业、体育赛事、旅游休闲、艺术培训五大业务板块为一体的综合性文化艺术集团，是目前国内资产量最大的国有演艺机构，先后荣获三届“全国文化企业30强”“全国文化体制改革先进单位”“亚洲品牌500强”“中国演艺机构十强”等称号，是全国文化体制改革的一面旗帜。

京演集团旗下共有25家企事业单位。其中，所属9家专业的文艺院团拥有众多知名艺术家及明星，多部作品荣获中宣部“五个一”工程奖、文化部“文华奖”及蒙特卡洛国际马戏艺术节“金小丑奖”等国内外大奖；所属国家体育馆是亚洲最大的室内体育馆，可举办世界级体育赛事，满足各类大型演出需求；所属北京市电影股份有限公司集影视投资、拍摄、制作、发行、放映于一体，旗下“新影联院线”年均票房收入超过12亿元，占北京地区总票房30%，连续数年保持北京电影市场份额第一名。

二、主要经济指标

截至2015年12月31日，京演集团资产总额19.2亿元，同比增长18.77%；利润总额1467万元，同比下降16.69%；营业收入2.9亿元，同比增长19.36%；净利润673.26万元，同比下降32.21%；上缴税金1159.84万元，同比下降42.48%；在册人员1848人，同比增长40%。

北京歌剧舞剧院舞剧《圆明园》。

▶ 纪念建党九十四周年“先锋队旗帜下的京演人”集团先进事迹报告会。

▶ 北京儿童艺术剧院现实主义儿童剧《胡同.com》。

▶ 北京京演文化艺术发展有限公司（京演艺术教育中心）培训班授课。

三、社会效益和经济效益情况

扎实开展党建工作，全局工作总体提升。按照市委统一部署，深入开展“三严三实”专题教育活动，采取领导干部上党课、中心组学习扩大会、专题研讨会等形式，把教育成果转化为全员干事创业活力，创新驱动企业发展；以纪念建党94周年为契机，开展“先锋队旗帜下的京演人”先进事迹报告会，号召鼓舞广大党员干部积极践行“三严三实”要求，努力做到对党忠诚、个人干净、敢于担当，国家文化部专门编发简报，将集团做法报送中央全面深化改革领导小组办公室，并转发全国各省（市）学习；7月至9月，市委第三巡视组对集团开展专项巡视工作，集团党委坚持站在讲政治和全局的高度，充分认识巡视工作的重大意义，积极配合巡视组工作，针对巡视指出的问题，采取有效措施坚决落实整改。

持续推进企业改革，实现体制机制创新。建立完善集团董事会、总经理办公会及党委会三会分立决策架构，规范决策行为，提高决策效率，防范决策风险，加强国有企业资产监管；全面深化管控体系的建设，完善以党建、人力资源、资产财务、艺术生产、法律等五项工作为主线的集团化内部管控体系，不断提升综合管理能力；根据市委宣传部、市文资办关于市属国有文化企业分类监管的有关意见，将集团所属文艺院团和各控参股单位进行分类，采取分类监管和差异化

中国杂技团爆笑语言杂技舞台剧《北京》。

考核的方式督促各单位落实经营责任，坚决贯彻“把社会效益放在首位，社会效益和经济效益相统一”的重要精神。

实现资源优化整合，做大做强主营业务。以改革的方式、企业的形式复建北京曲艺团，组建北京民族乐团，努力传承和发扬民族传统文化，完善区域化艺术专业布局，为深化首都文化中心建设及推进文化体制改革做出贡献。持续深化转企改制院团改革发展，集团着手对中国评剧院、北京市河北梆子剧团以及北京市曲剧团开展接收工作，集中整合优质演艺资源，充实丰富集团主营业务板块；进一步指导所属院团进行企业化管理和市场化运作，激发企业生产经营动力和艺术创作活力，2015年院团业绩突出。

延伸产业链条，完善产业布局。系统整合集团艺术培训资源，9月份注册成立“北京京演文化艺术发展有限公司”，致力于开拓艺术教育培训市场和公共文化服务项目，培植新的业务增长点。充分发挥京演·民族文化宫大剧院的展示平台作用，配合集团演出季工作，积极开拓经营思路，引进优秀演出项目，打造北京文化核心区剧院品牌。支持国家体育馆积极打造国际文化体育新地标，

木偶剧院的大型木偶剧《飞吧，丹顶鹤——丹顶鹤的故事》。

集团“唱抗战歌曲 展京演风采”合唱比赛。

北京演艺集团 2014-2015 年度工作会议。

在运营商业演出和驻场演出的同时，调整完善运营策略，扩大合作渠道。2015 年全年，新影联院线的新加盟影院数量达 23 家，实际运营影院总数达到 121 家，取得较大突破。

激发艺术生产活力，精心打磨文艺作品。集团出品的“第二届北京演艺集团 5 月演出季”和“动漫 Q 口袋——北京第二届动漫剧场演出季”延续首届演出季的良好势头，规模、质量和效益较去年均有提高。第五届北京国际电影节电影音乐会暨“百年经典电影音乐会”与“世界名著电影音乐会”为首都观众奉献了一场豪华的视听盛宴。6 月份，由集团出品、国家艺术基金资助的“中国故事大地之歌之中国音协主席叶小纲音乐会”项目受邀赴美参加中美作曲家音乐交流活动，演出内容受到中美两国领导人的高度肯定。坚持“以人民为中心的创作导向”，带领旗下文艺院团创排优秀作品。中国杂技团为纪念建团 65 周年全力打造杂技晚会《第 61 块金牌》；木偶剧院策划推出大型木偶剧《飞吧，丹顶鹤——丹顶鹤的故事》；北京歌剧舞剧院编排情景歌汇《歌声中的历史》，复排舞剧《圆明园》；北京儿童艺术剧院推出原创儿童剧《胡同 .com》；曲艺团编排舞台喜剧《我不是保镖》以及民族乐团推出原创音乐舞台秀《五行》等。

北京发行集团有限责任公司
2015年改革发展情况

一、基本概况

北京发行集团有限责任公司（简称“发行集团”）于2004年3月10日正式挂牌成立，是经中宣部、国家新闻出版总署批准，由北京市人民政府投资组建（京政函〔2004〕5号），隶属于北京市委宣传部的国有大型文化企业。发行集团所属企业主要经营中文和外文原版图书、音像制品及电子出版物的批发、零售业务，以及出版、拍卖、相关文化产品、古旧商品、文化旅游、电子商务等。发行集团旗下拥有以北京市新华书店为主的中文图书、以北京市图书进出口公司为主的外文原版图书、以中国书店为主的古旧图书、以北发图书网为主的网上图书销售四大业务体系。

二、所属主要子公司

台湖出版物会展贸易中心：集出版物展示交易、行业信息交互、行业交流于一体，汇集全国580余家出版社，48家国际出版集团的380余家出版社，700余家音像代理商以及400余家民营图书公司。中心设有各类展销区域，常年举办全国性、区域性大型行业展会，展出60余万种图书、音像制品等出版物及相关文化产品，初步确立了全国出版物集散中心地位。

北京市新华书店连锁有限责任公司：是北京发行集团整合集团系统经营门店组建的大型国有出版物发行连锁企业，拥有北京图书大厦、王府井书店、中关村图书大厦、亚运村图书大厦、花市新华书店、翠微新华书店、西四新华书店等58家不同规模的经营门店。其中，全国图书城销售排行榜前五名中，北京图书大厦、王府井书店、中关村图书大厦占据三席。

中国书店：成立于1952年，主要经营古旧书刊收购、销售、复制、拍卖业务，兼营文化艺术品，旗下拥有19家经营网点、中国书店出版社和北京海王村拍卖有限责任公司，是我国规模最大的以经营古籍书刊为

1 月，2015 北京图书订货会图书馆馆配会在北京国际展览中心举办。

特色的国有书店，在古旧书刊的收购、保护、修复、出版、拍卖业务领域处于全国领先地位。中国书店的古籍修复技能被列入全国非物质文化遗产保护目录，为故宫博物院、国家图书馆等单位提供古籍善本修复服务。

北京市图书进出口公司：是北京市属唯一拥有图书进出口权的公司，与国外千余家国际出版机构建立了长期业务关系，每年从国外出版社引进 3 万余种、50 万册原版出版物，内容涵盖社科、科技、文学艺术、少儿读物及各类教材。旗下王府井外文书店是全国规模最大的经营外文原版图书和音像制品的书城之一。

新华文化资产管理公司：负责集团系统房产、车辆等资产的日常监督、指导和管理工作。

三、主要经济指标

截至 2015 年 12 月 31 日，发行集团合并报表的资产总额为 369,339.55 万元，较上年增长了 0.46%；营业收入 148,178.46 万元，较上年减少了 2.7%；利润总额 1627.89 万元，净利润 774.76 万元；上缴税金 4063.40 万元，较上年减少了 0.57%，在册人员 2761 人。

4 月 22 日至 24 日，中国书刊发行业协会图书馆馆配工作委员会首届全国图书馆馆配会在北京台湖出版物会展贸易中心举行。

7 月，北京发行集团与北京电视台等单位联合举办的大型公益活动“带本书，给家乡的孩子”捐书信使出发仪式在京举行。

四、社会效益和经济效益情况

成功开设北京市属首家国有 24 小时书店。7 月 20 日，中国书店雁翅楼店正式开业，是北京市属国有第一家 24 小时书店，吸引了海内外游客前来选购图书。中央电视台、北京电视台、《人民日报》《光明日报》《北京日报》《北京晨报》《北京晚报》《北京青年报》《新京报》《中国出版传媒商报》、新浪网、中国文艺网等中央和北京市各大媒体进行了专题报道。德国《世界报》、新加坡《亚洲新闻台》等境外媒体还专门对该店进行了采访，美国旧金山 ICN 电视联播转播了有关中国书店雁翅楼 24 小时店开业的情况。

网上业务取得新突破。2015 年，发行集团所属企业累计开设第三方平台店 36 家，集团整体 B2C 业务实现销售码洋 1.14 亿元，比上年增长了 7257.1 万元，同比增长 174.8%。其中，第三方平台店实现销售码洋 1.03 亿元，比上年增长了 7776.6 万元，同比增长 303.0%。线上“冬季书市”实现销售码洋 3500 余万元。

成功承办 2015 年北京书市。按照市委宣传部和市新闻出版广电局部署，2015 年 5 月发行集团在朝阳公园成功承办了北京书市，共设展位 468 个，展销中外文图书、音像制品、电子出版物共计 30 余万种，举办各类读书活动和营销活动 96 场次，客流量 50 余万人次，近 14 万人次登陆书市微站，整体销售额 4080 万元，成功打造了一座规模盛大的“书文化畅享乐园”，在首都掀起又一轮全民阅读的新浪潮。

全力做好“纪念中国人民抗日战争暨世界反法西斯战争胜利 70 周年”优秀出版物展示展销活动。按照市委宣传部部署，8 月 13 日，发行集团在系统内组织开展了“纪念中国人民抗日战争暨世界反法西斯战争胜利

▶ 7 月，第 21 届全国“中华魂”（放飞梦想）主题教育活动表彰大会暨夏令营举办。

▶ 7 月 20 日，“雁翅楼落成暨中国书店 24 小时店开业”仪式举行。

▶ 7 月 20 日，“中国书店雁翅楼 24 小时店揭牌”仪式举行。

▶ 8 月，“纪念中国人民抗日战争暨世界反法西斯战争胜利 70 周年”北京 · 台湖全国社科图书订货会举行。

▶ 8 月，第十三届北京国际图书节北京发行集团展区精彩亮相。

70 周年”优秀出版物展示展销活动，组织所属北京图书大厦、王府井书店、中关村图书大厦、亚运村图书大厦、中国书店、王府井外文书店等门店在店堂显要位置设立专台、专架或专柜，在所属北发图书网设立推介专栏，线上线下同步集中展示展销相关优秀出版物，重点展示展销《北京市市属出版单位纪念中国人民抗日战争暨世界反法西斯战争胜利 70 周年主题出版物目录》列出的 60 种重点出版物，通过展牌、易拉宝、大屏幕、横幅、广播等多种形式，对活动进行全方位宣传，吸引了大量读者关注。

全力以赴做好全国两会服务和十八届五中全会重要文件发行工作。2015 年全国“两会”期间，选派 14 家门店的 105 名业务骨干，精心准备了经济法律、文学艺术、文化教育、生活保健等 4600 多种优秀出版物，进驻 20 家“两会”代表驻地提供售书服务，接待代表、委员 3500 人次，获得驻会代表和委员的一致好评。

积极开展多种形式的营销活动。2015 年，集团所属各企业共举办活动 1069 场。其中，签售讲座活动 257 场，流动售书 31 场，互动活动 214 场，展销促销活动 534 场，拍卖活动 5 场，举办和参加大型活动 28 场。发行集团与北京电视台等单位共同举办“带本书，给家乡的孩子”大型公益活动，在北京电视台新闻频道推出“名家荐书特别节目”等，赢得社会各界的热烈响应，在促进企业经济效益增长的同时，进一步提升了集团弘扬主旋律、传递正能量的良好企业形象。

加大了多元化经营开拓力度。各大型书城以卖场基础设施升级改造为契机，积极调整布局，增加或扩大文化相关产品销售，取得了一定成效。王府井书店将受到网络冲击较大的音像产品进行整合，腾出地下一层经

10 月 22 日，2015 年北京台湖国际教育图书展开幕。

营场所，开设读者美食城，引进 9 家知名餐饮品牌，受到了读者好评。中关村图书大厦以更换陈列设备为契机，适当压缩音像制品展销面积，将手机和电脑耗材调至一层卖场销售，与学习机、眼镜等产品形成更大规模的联营销售区域，取得了一定的成效。

图书云服务平台建设取得了突破性进展。2015 年，发行集团图书云服务平台建设取得了突破性进展，完成平台基础搭建工程。图书云服务平台的建成和投入使用，将会为图书主业开发带来质的飞跃。通过云工程，既可以打通线上线下连通关节，实现 O2O 的统一运营模式，从而推动产业融合，增加盈利面的宽度，又可以借此推动转股改制，建立现代化的企业经营模式。

不断强化基础管理。不断强化国有资产监管，全力推进了闲置库房的全面清理和开发价值的挖潜工作。狠抓财务基础管理，有效控制经营成本，降低企业费用开支。不断提升服务内涵，以打造服务品牌作为提升企业核心竞争力的一项重点工作。将安全工作放在首位，常抓不懈，全年生产经营安全零事故。

10 月 29 日至 11 月 1 日，第十届文博会台湖国际图书分会场活动开幕。

“书香溢京城，全民享阅读”2015 北京书市启动仪式。

11 月，北京发行集团举行 2015 年第六届业务技能大赛。

中国书刊发行业协会图书馆馆配工作委员会首届数字资源建设研讨峰会举行。

新京报社
2015 年改革发展情况

一、新闻采编工作

积极探索办“互联网时代的报纸”的新路，坚持新型时政类都市报的办报理念，继续坚持“第一工程”，强化“差异化、深度化、杂志化、视觉化”，办报质量保持固有水准，构建原创内容平台卓有成效。

一是重大题材报道领先。精心策划，圆满完成了各项重大主题宣传报道工作。春节期间推出“寻找新青年”系列报道，取得广泛的社会好评。全面报道、解读“两会”精神，本报记者在总理记者招待会上获得提问机会，开创纪录。围绕“世界反法西斯战争暨中国抗日战争胜利 70 周年”，以“烙印”为题，推出为期 4 个月，每周 4 个版的专题报道，再现波澜壮阔的反法西斯战争。精心制作 24 个版的专题、9·3 阅兵“全景图”，传播效果良好。

二是做好首都中心工作宣传报道。积极策划有关首都功能定位、人口疏解、小区拆违、雾霾和环境整治、交通治理、科技创新、文化创新、简政放权、民生工程、社会管理等专题，或描述现状，或解读政策，或服务群众，或解疑释惑，营造了良好的舆论环境。其中，非首都核心功能疏解、京津冀协同发展等方面报道，获市委领导认可，被评为“精心、精准、精进”，“专业能力堪称北京媒体标杆”。

三是坚持重大新闻事件不缺位、不失声。相继做了上海外滩踩踏、东方之星沉船、天津爆炸、德国空难、巴黎恐袭系列报道等。坚持客观公正的立场，深入细致采访，竭尽全力还原事件真相，提供理性的分析，引导读者正确看待发生的事件，维护社会稳定。

四是坚持社会热点问题舆论监督。积极稳妥地行使舆论监督权，敢于针砭时弊，揭露丑恶，匡扶正气。刊发《地铁站外的隐秘“江湖”》调查报道，切合北京环境和城市治理的大背景，引起社会广泛关注，推动了问题解决。刊发 4 篇《微整形培训系列调查报道》，促成多部门严查。

五是加大经济报道力度。开展“寻找中国创客”系列报道，邀请中国最有影响的企业家担任创客导师，先后关注了2000余家创业公司和上百家投资机构，推出报道120个版，举办了多场千人创业论坛和创投沙龙。

六是文体娱等其他版面。书评周刊继续保持报媒中的一流水准，好书榜的美誉度进一步提升。完善行业周刊设置，房产、汽车、旅游、食品、健康、教育、家装、时尚等周刊特色更加明显，对行业的介入更为深入，专业性、服务性、有效性有所提高。图片摄影和版式设计保持业内领先，摄影作品数量与质量出现回升。其中，天津爆炸摄影作品获得第59届世界新闻摄影比赛（荷赛）日常新闻类三等奖。新京报社获得第36届全球最佳新闻设计（简称“SND”）7项优秀奖。

二、经营工作

广告工作：报社经营人员创新营销手段，积极整合资源，虽然广告业绩下滑，但整体收入继续居北京同类媒体之首，市场份额提高。

发行工作：家庭、个人订阅继续下滑，集团订报、党政机关订报稳中有升，发行量居北京同类媒体首位。

三、新媒体工作

2015年，新媒体工作方向更加明确。以报社内容、品牌、资源优势，通过“+互联网”或“互联网+”，开发和运行新媒体产品，取得了初步成效。

报网和“两微一端”。据统计，新京报网站已经是各大门户的第一阵营新闻源。移动客户端下载总量近百万。官方微博粉丝超1700万，在媒体中居前三。开发微信公号26个，覆盖各垂直领域，总粉丝量超260万。北京地区媒体微信公众号综合影响力前10名中有5个来自新京报。

大燕网：与腾讯公司联合创办，日均UV800万，日均PV7000万，已成为京津冀地区用户量最大的区域门户网站，实现当年上线即盈利。

动新闻：与小米、奇虎360、三胞集团共同投资，定位为制作国内首家动画新闻视频类产品。依托新京报采编团队的原创内容，通过二维和3D的方式，生产1500余条视频，备受广大网友喜爱。

热门话题：与三胞集团合作，采取“智能+人工”的组织呈现方式，实现互联网技术和人工精选精编相结合，为年轻群体提供别样的、有深度、有趣味的新闻资讯。装机量达500万，日活用户30万。

京华时报社
2015 年改革发展情况

一、基本概况

京华时报社隶属于北京市委宣传部，系经费自理事业单位，由北京市国有文化资产监督管理办公室对报社国有资产进行监督管理。

旗下《京华时报》是一份新闻类综合性都市日报，创刊于2001年5月28日。15年来，《京华时报》始终伴随中国社会经济的发展，不断调整优化报纸的内容结构和产业结构，内容影响力与各项经营指标在同城媒体中名列前茅。从创刊初期的每日32版，发展到目前每日40版至108版，陆续开辟了《房产周刊》《汽车周刊》《健康食品周刊》《家居建材周刊》《金融周刊》《教育（公益）周刊》《旅游周刊》等特色周刊。

《京华时报》自诞生之日起，始终把坚持正确的政治方向和舆论导向放在首位，先后精心策划报道了APEC峰会、北京两会、全国两会、京津冀协同发展、抗战胜利70周年、党的十八届五中全会等大型主题宣传活动，社会反响热烈，多次受到市委领导的表扬。

《京华时报》定位为“北京人的都市报”，坚持“三贴近”的办报方针，想市民之所想，急市民之所急，忧市民之所忧，盼市民之所盼，深深植根于普通市民生活之中，赢得了广大读者的赞许。

2005年至2015年，《京华时报》连续10年被世界品牌实验室及独立测评机构评为“中国500最具价值品牌”，品牌价值逐年递增；2014年12月，荣获“中国都市报二十年发展贡献奖”，多次获得“最具传播力媒体、最具时政传播力媒体”“最具成长性创新媒体”“中国都市报十强”“影响中国最具品牌传播价值晚报都市报大奖”“改革开放三十年中国十大都市报品牌”等荣誉称号。

报社内设办公室、党委办公室（人力资源部）、财务部、时政新闻中心、社会新闻中心、文体新闻中心、财经新闻（周刊）中心、出版管理中心、经营与品牌推广中心、发行中心 10 个职能部门。

京华时报社二级、三级投资企业共 9 家。其中，控股并纳入合并范围企业 7 家，参股企业 2 家。

二、主要经济指标

截至 2015 年 12 月 31 日，报社资产总额 12,165.21 万元，同比下降 28.92%；实现营业收入 12,517.64 万元，同比下降 44.84%；利润总额为 -3584.32 万元，同比下降 50.89%；净利润为 -3615.78 万元，同比下降 48.33%；年度上缴税金 748.79 万元，同比下降 94.18%。

三、社会效益和经济效益情况

一是新闻宣传推陈出新。以抓有影响力的原创新闻为着力点，围绕独家报道谋篇布局，科学调配采编资源，抓大放小、注重质量、长短结合，增强了版面的可读性、阅读的层次感和内容品质。在主题宣传方面，圆满完成全国两会、“四个全面”战略布局、“五大发展理念”、京津冀协同发展战略、纪念抗战胜利 70 周年、申办冬奥会、党的十八届五中全会等大型会议、活动主题宣传报道。其中，“家风的传承”“胜利日阅兵全景图”“十城记”等报道引起社会广泛关注。在舆论监督方面，坚持从全局出发，注重把握角度和分寸，促进问题解决。如：“3·15”期间，推出“剩肉翻新术”暗访报道，对净化首都食品市场起到了很好的促进作用。在突发事件报道和日常新闻报道方面，秉持公正、冷静、客观的立场，以贴近的视角，采写、编发了一批有影响力的稿件。在新媒体内容建设方面，注重加大原创力度，提高了新媒体的影响力。官方微博播发记者自采、原创新闻 1000 余条。官方微信推送的近 200 篇文章阅读量超过 1 万。

二是广告经营工作切实加强。第一，努力实现从卖广告版面到变现影响力的转型，广告中心通过搭建以保实收与促增长为前提、以报纸版面为依托、以新媒体资源为策略、以创意策划为手段、以整合营销为突破口、以品牌影响力为纽带的销售体系，统筹原本散落在各部门的相互独立的资源，较好地满足了客户在销售、营销、传播、公关、活动等方面的需求。第二，应对广告严重下滑的局面，把握市场变化、客户需求、销售渠道等要素，开展以战略客户为重点、以合作客户为基础、以新客户为增量的销售管理，努力减缓存量下滑势头，扩大新增量。2015 年，市场份额仍保持领先地位，部分行业甚至逆势上扬。第三，大力推进广告欠款回收工作，清理回收各种欠款和投资 1195 万元。

在发行业务上，发行中心在努力维护本报发行传统业务的基础上，创新性地成立了五个创业项目组，利用线上和线下渠道，吸引第三方合作，在新业务的拓展方面进行了有益尝试。在落地配业务方面，签约天猫、中粮、苏宁、唯品会等，推动集中化多元经营和多产业协同发展，取得良好成绩。总的来看，报纸发行量保持了相对稳定态势，发行策略也在稳步推进。

三是深化改革不断推进。本着求生存、谋发展的初衷，注重系统性和整体性，推进体制机制改革创新。首先，精简机构和人员。按照“精简、统一、效能”的原则，严格控制内设机构数和各中心、部门职数，对工作职责、性质相近或者不够规范的岗位进行调整或合并。调整以后，内设机构由原来的15个减少至10个。围绕机构改革，实现人员分流和减少。其次，坚持牢牢掌握新闻内容主导权，确保正确的方向和导向；有利于体制机制创新；有利于加强技术、队伍建设和内部管理；有利于报社收益最大化的4条原则，引进代运营公司进行新媒体合作，一定程度上缓解了资金、技术、经营团队的难题，保障了报社的收益。按照渐进式，量入为出的原则，坚持以上率下，对报社全员进行薪酬调整。注重发挥好奖励的杠杆作用，取消大锅饭和平均主义的做法，拉开档次，体现差异，留住骨干人才。

四是领导班子、干部队伍和党风廉政建设卓有成效。“三严三实”专题教育进一步提升了领导班子的凝聚力和向心力。为期近10个月的专题教育活动，坚持问题导向，聚焦对党忠诚、个人干净、敢于担当，扎实做好学习教育、问题查摆、党性分析、问题整改等工作，强化了领导班子成员的政治意识、大局意识、核心意识和看齐意识。坚持用“好干部标准”选人用人，严格执行有关程序和规定，先后组织3次涉及26个职位的干部选拔。注重加强女性干部队伍建设，通过拓宽渠道，搭建平台，促进了女性干部的成长。以改进工作作风、完善惩防体系建设、强化权力运行制约监督为重点，推动党风廉政建设“两个责任”落实。报社党委认真落实主体责任，以上率下，一级抓一级，层层传导责任和压力。报社纪委充分发挥纪检监察工作职责，突出监督主业，推动党委主体责任的落实。全年没有违法、违纪、违规方面的信访和举报。圆满完成离任领导干部经济责任审计工作。组织开展群众性文化体育活动，丰富员工文化生活。

第六部分

十六区文化创意产业发展

东城区 2015 年文化创意产业发展情况

南锣鼓巷“左右时代”启动招商。

东城区秉持“文化强区”理念，聚焦产业高端环节，文化创意产业稳步、健康发展，产业规模和效益不断提升，成为引领首都经济发展的新动力。2015 年，东城区规模以上文化创意产业单位 779 个，从业人员 8.6 万人，实现收入 1839 亿元，同比增长 6.3%。文化创意产业实现增加值 252.5 亿元，同比增长 12%，占东城区 GDP 13.6%，已经成为全区最具增长潜力的支柱产业。

加快推进文化体制机制改革。加强顶层设计，成立东城区文化创意产业发展联席会，制定东城区文化创意产业联席会议制度，理顺了文化创意产业工作体系，加快统筹资源、协调推动文化产业项目落地。

科学制定产业扶持政策。充分借鉴外省市先进经验，先后征求了相关委办局、区内文化企业、相关专家学者的意见建议，制定了《东城区文化创意产业发展专项资金管理办法》和《东城区文化创意产业发展引导基金管理办法》两项制度。

大力推动文化要素市场建设。以建设国家文化金融合作试验区为契机，推动高端文化金融要素集聚发展。5 月，东城区人民政府与市文资办签订全面战略合作协议，推动

▶ “梦想加”雍和宫办公空间启用。

▶ 2015 年北京地坛文化庙会全球行 · 曼谷之旅开幕式。

▶ 东城文化人才国际创业园。

北京文化产权交易中心正式落户前门地区。12 月 8 日，北京文化产权交易中心正式上线。支持东方雍和国际版权交易中心等文化金融机构创新业务内容，引导文化要素有序流动，形成更为完整的版权交易产业链；以规范、标准的版权交易信用认证管理体系为基础，搭建一系列动态、智能的数字版权供应链；以艺术家公盘等交易平台为依托，构建全新文化艺术产业运营和艺术品投资收藏产业链。

积极服务文创企业及园区建设。研究起草《东城区文化产业示范园区认定和管理办法 (试行)》，明确区级文化创意产业集聚区的认定标准与管理程序。支持北京东方嘉诚文化产业发展有限公司建设天津 C92 文创园区项目，鼓励区内文化创意企业到京津冀拓展发展空间。推荐东城区 7 家企业参选第七届全国“文化企业 30 强”，保利文化集团股份有限公司、中国对外文化演出集团公司两家企业成功获评全国“文化企业 30 强”。创办《东城创意家》杂志，举办文创沙龙 4 场次，畅通政企沟通交流渠道。

着力加强“文化东城”品牌活动建设。以企业为运营主体，举办“地坛文化庙会走出去 · 曼谷之旅”“北京地坛文化庙会 · 台北之旅”“柏林亚太周 · 德国之旅”等活动，进一步展示和传播京味文化，扩大北京及东城区的文化影响力。整合“孔庙国子监国学文化节”“惠民文化阅读季”“惠民文化演出季”“东城金秋购物季”“券游东城”“前门历史文化节”等主题活动，举办第三届东城区“惠民文化消费季”活动。建立“东城文化创意产业网”官方网站和“东城创意 +”微信群，借力新媒体平台，全面展示宣传东城区文化创意产业，提升东城区文创产业的影响力。

西城区 2015 年文化创意产业发展情况

▶ 第十届文博会天宁 1 号创新园新闻发布会。

▶ 第十届文博会北京西城展区。

2015 年，西城区文化创意产业运行态势良好。1—12 月，全区规模以上文化创意产业法人单位 662 家，从业人员 104,726 人，实现收入 837.8 亿元，利润总额 100.2 亿元。

推动文化产业园区改造升级。加强“新华 1949”文化创意产业园区环境建设，完成园区东南门改造工程。会同相关部门，推进繁星戏剧村整体改造。积极建设“天宁 1 号”创新园，推动北京第二热电厂老厂区改造。10 月 28 日，正式启动“二热”老厂区升级转型为“天宁 1 号”创新园，全面启动招商工作。11 月 24 日，华电（北京）热电有限公司天宁寺厂区（一期）项目正式开工建设。

深入推动产业融合发展。2 月 13 日，西城区文促中心与北京市文化科技融资租赁股份有限公司签订战略合作协议，加强对西城区文化创意企业的资金支持力度。推动建立赛伯乐顺通基金项目，整合资金、用户及互联网金融优势，重点发展智慧文化、高科技、电子商务等文化创意产业领域。推动虚拟现实（VR）、裸眼 3D 等新技术在文化领域的广泛应用。以 DRC 基地为核心，引入台湾清庭等 10 余家专业设计公司对接旅游商品开发设计。天桥艺术中心开幕，世界著名音乐剧《剧院魅影》作为开幕大戏隆重上演。

推进产业服务创新。完善中尚联华（北京）文化企业发展平台建设，依托平台的学术、信息、资源等三大优势，提供面向全区乃至全市文化企业的企业运营、发展规划、资源整合和融资咨询等服务，改变原有产业支持模式，扩大服务企业的幅面。借助平台服务优势，举办以“文化消费 乐在其中”为主题

▶ 第十届文博会“水墨菁华”第三届书画投资邀请展。

▶ 第十届文博会繁星戏剧村展台。

▶ 第十届文博会群众现场体验 VR 技术应用。

▶ 第十届文博会“儿童文化消费引导及产品提供”研讨会。

的第三届西城区惠民文化消费季活动，重点推出“儿童文化消费引导与产品提供”系列活动。完成第十届文博会西城区主分会场活动组织工作。通过 1 个主会场、3 个分会场以及“天宁 1 号园区信息发布”“京津冀高校师生西城行”“感悟 china—向泥土致敬”等多项特色活动，充分展示区域文创企业发展成果，推动企业实现跨区域协作发展，收到良好社会反响。成功举办了厂甸庙会台北板块活动。组织 18 家非遗项目、2 家老字号特色小吃、3 名书画家、3 家特色工艺品及文创类企业集体亮相，10 天销售额 60 余万元，庙会总人流量突破 100 万人。

坚持精品创作。贯彻落实习近平总书记在文艺工作座谈会上的重要讲话精神，坚持正确文化导向，支持投拍一系列反映时代特色、反映老百姓生活的影视作品。其中，与西城法院联合制作拍摄电影《巡回法官》，影片以西城区法院专职社区巡回法官赵海为原型，宣传无私奉献、司法为民的精神，于 11 月 13 日正式公映；与大公报（香港）有限公司北京分社合作拍摄中国首部以“报人抗战”为题材的大型纪录片《一份报纸的抗战》，该片被国家新闻出版广电总局列入“纪念抗日战争暨世界反法西斯战争胜利 70 周年网上展播纪录片目”之一，并于 2016 年 4 月 25 日在京首播。

朝阳区 2015 年文化创意产业发展情况

10 月，北京朝阳 · 中国文化产业创新发展示范区精彩亮相第十届文博会。

2015 年，朝阳区主动适应新常态、对接新要求、抢抓新机遇，以建设国家文化产业创新实验区为契机，积极有序推进全区文化创意产业提质增效、升级发展，服务全区功能疏解、人口调控、产业升级和构建“高精尖”经济结构要求。2015 年，朝阳区文化创意产业继续保持平稳向好发展态势，各类文创要素资源进一步聚集，区域功能进一步巩固提升，产业融合发展、区域协同创新的良性格局加速形成。

一是产业规模持续扩大。2015 年 1—12 月，朝阳区规模以上文化创意产业单位 1712 家，实现收入 2499.2 亿元，同比增长 6.0%。其中，软件、网络及计算机服务业，旅游休闲娱乐业和广播、电影、电视业分别实现收入 709.4 亿元、492.3 亿元和 76.8 亿元，同比增长 19.7%、17.6% 和 19.2%。朝阳区文化创意产业实现增加值 539.0 亿元，注册文化创意企业总数达 5.8 万家，新增注册资金 5000 万元以上的文化创意企业 241 家。

二是产业结构日趋优化。产业内部结构进一步优化，2015 年 1—12 月，包括新媒体在内的文化传媒产业实现收入 1562.3 亿元，占全区文化创意产业总收入的 62.5%，发展优势更加巩固。在九大文创行业中，软件、网络及计算机服务业逐渐成长为领军

7月3日，中信国安创客·北京中心落户国家文化产业创新实验区。

中共北京市朝阳区委宣传部产业发展科荣获“北京市模范集体”称号。

行业，占文创总收入比例持续扩大，达到28.4%；旅游、休闲娱乐业，广播、电视、电影业连续保持两位数的高位增长；广告会展业受国内整体经济环境影响较大，保持低位增长态势。经统计监测，朝阳区文化与科技等相关产业融合类企业发展迅猛。其中，数字文化、数字出版、移动新媒体等新兴企业营业收入增速显著，同期增速都在40%以上，已逐渐成为支撑辖区文化创意产业升级发展新的增长点。

三是加快重点产业项目推进力度。通过积极探索旧工业厂房改造、传统商业设施升级、有形市场腾退转型和农村集体产业项目选择“高精尖”等四种模式，新转型升级了齿轮场品牌创业文化园、Ideapark铭基国际创意公园、红庄·国际文化保税创新园、华膳园国际传媒文化产业园、塞隆国际文化创

3 月 26 日，朝阳区文化创意产业人才校园专场招聘会在中国传媒大学举办。

7 月 13 日至 17 日，2015 年朝阳区文化创意产业高级经营管理培训班举办。

意园、吉里国际艺术区、半壁店 1 号文化产业园、创立方 · CBD 苍库文化产业园、金田影视产业基地、北影影视文化创新园等 10 个特色文化产业园区（基地）。

四是深入推动文化金融合作。与北京银行签订了《关于国家文化产业创新实验区文化金融服务全面战略合作协议》，未来 5 年，北京银行将全面支持实验区范围内文化企业升级发展，向实验区打造的“文创普惠贷”类产品提供不少于 1000 亿元人民币意向性授信，目前已为 30 余家文化企业提供了 4000 余万元的融资。

五是文化贸易稳健发展。2015 年 9 月，国家文化产业创新实验区列入北京市服务业扩大开放综合试点范围，作为文化娱乐业聚集的特定区域，将允许外商投资者独资设立演出经纪机构，在全市范围内提供服务。市文化局已受理相关申请，重点引导支持文创实验区发展。

海淀区 2015 年文化创意产业发展情况

9 月 12 日，北京市海淀区纳兰文化研究中心成立大会——首届“心中的纳兰”全球书画作品征集活动启动仪式暨纳兰文化主题研讨会举行。

2015 年，海淀区规模以上文化创意产业单位 2528 家，占全市比重 34.0%；实现收入 5699.0 亿元，同比增长 18.9%，占全市比重 42.4%；从业人员 59.7 万人，同比增长 11.8%，占全市比重 48.8%。

一、文化创意产业研究成果显著

开展海淀区特色文化资源状况的专题研究，编辑出版了《清代三山五园史事编年（嘉庆－宣统卷）》《清代皇家园林史料汇编（第 1 辑）：海外三山五园研究译丛》《清代皇家园林研究论丛（第 1 辑）：畅春园研究》《民国香山诗文精选》《三山五园揽胜——圆明园》等文化研究著作。研究起草《魏公村舞蹈产业发展现状调研报告》，筹建海淀区舞蹈产业联盟，推进舞蹈产业发展。分析文化与科技融合产业的基本特征及发展趋势，形成研究成果《文化与科技融合产业分类——以北京市海淀区为例》。开展海淀区文化走出去案例研究，调研走访辖区 16 家重点文化出口企业，推进海淀区文化国际化传播。

1 月 9 日，2015 第十二届中国文化产业新年论坛“三山五园”对话会在北京大学举办。

二、强化特色文化产业传播推广

成功举办 2015 中国文化产业论坛“三山五园对话会”和“北京三山五园国际学术研讨会”，深入挖掘“三山五园”的历史文化价值和经济价值。积极培育海淀区“三山五园”文化品牌活动，先后举办了“三山五园文化巡展”济南站、国图站、香港站活动。其中，济南站、国图站巡展活动的客流量高达 104 万人次，创造了参观最高纪录。以“纪念曹雪芹诞辰 300 周年”为主题，推出系列纪念活动，在北京、上海、杭州、厦门、台北、米兰等国内外城市举办第六届曹雪芹文化艺术节，覆盖全球，努力传播中国传统文化。成立海淀区纳兰文化研究中心，举办了“纪念纳兰性德诞辰 360 周年”音乐会、研讨会、文化雅集、书画作品征集等系列文化交流活动。

三、文化产业服务细致全面

举办 37 期文化沙龙活动，持续推广曹雪芹西山故里红文化、纳兰性德兰文化、“三山五园”皇家园林文化、西山中法文化交流、中关村创业创新文化以及海淀军事文化等区域特色文化。

强化文化消费促进服务。文化部、财政部“拉动城乡居民文化消费”项目选定海淀

4 月 28 日，“三山五园文化巡展——圆明园四十景文化展”在中国国家图书馆典藏博物馆开幕。

10 月 16 日，文化部、财政部 2015 年拉动城乡居民文化消费东部试点工作启动会召开。

区作为东部试点地区。与中国人民大学文化创意产业技术研究院合作，共同搭建文化消费大数据平台，促进海淀区文化消费便利化。联合博宝艺术网，积极举办文化艺术进社区和文化艺术品免费体验活动。

加强文化行业服务。利用中关村博物馆与艺术品行业联盟等平台，举办“艺术中关村”春季展、秋季展、品鉴沙龙等展览 28 场，艺术沙龙 10 场。

丰台区 2015 年文化创意产业发展情况

北京文化创新工场万开基地启动招商。

截至 2015 年 12 月底，丰台区文化创意产业法人单位总数近 2 万家。其中，规模以上文化创意产业法人单位 313 家，实现收入 389.1 亿元，同比增长 9.1%。文化艺术服务业、软件和信息技术服务业增势显著；新闻出版业，软件、网络及计算机服务业，设计服务业三大支柱产业增势不减。

注重基础、上下联动，产业发展大数据不断充实。积极开展调研，摸清区域产业要素、资源禀赋、空间布局，建成完备的文化创意产业资源大数据库，引导重大文化产业项目建设，优化产业空间布局。

靠前谋划、深化服务，政策服务体系日趋完善。起草完成《丰台区“十三五”时期文化创意产业发展规划》课题研究，明确文创产业发展的目标和重点任务。编制《丰台区关于推进文化创意和设计服务与相关产业融合发展实施意见》，谋划丰台区文化创意产业融合发展的路径和举措。加大政策、资金支持，全年累计投入近 3000 万元专项资金，支持重点文创项目。加大文创产业宣传推介力度，建设完善官方网站、官方微博和微信公众号三大平台。编制《丰台区文化创意产业“走出去”案例精选》。支持辖区文创企

“贝壳菁汇”创新生态圈。

依文创客空间手工坊展示。

北京 111 文化产业园。

12 月 30 日，丰台区第三届惠民文化消费季总结会召开。

业积极参加京港洽谈会、北京文博会，拓宽企业融资、招商渠道和范围。

重点引领、创新激励，文化众创空间建设有突破。举办丰台区老旧厂房对接会，推动老旧厂房改造升级，为文创产业发展腾挪空间。加快实施京棉二厂、北京塑料厂改造升级。永乐文化产业园、隆盛产业园、北京111 文化产业园等一批特色文化产业园区和众创空间初具规模，人才集聚效应突出。建成中国戏曲文化中心数字化推广平台，被列为2015年文化部“国家特色文化产业重点项目”。依文创客空间、“贝壳菁汇”被授予“北京市众创空间”荣誉称号。建成北京市文化创新工场万开基地，启动招商，入驻企业达48家。大力支持文创人才创新创业，时代华语主题出版融合国际推广平台等 5 家单位被认定为文创产业创新人才团队。

政府搭台、市场驱动，区域文化消费持续繁荣。以“引领文化消费，品味书香人生”为主题，成功举办丰台区第三届惠民文化消费季，包括出版物展销、文创产品展示、书画作品展示、主题论坛、档案揭秘演讲、精品小儿书拍卖等多项专题活动，开发推出活动专属 APP，促进居民文化消费便利化，累计消费人次超过80 万，消费金额突破 2400 万元。开展“2015年度丰台区十大文化创意精品”征集评选工作，《卢沟晓月》剪纸、电视剧《历史转折中的邓小平》等文化精品入选。

石景山区 2015 年文化创意产业发展情况

10 月，石景山区文化创意企业贷款风险补偿资金签约仪式举行。

2015 年，石景山区以“文化科技”“文化金融”为主线，加强文化创新和服务提升，推动文化创意产业集群化、差异化发展，带动区域经济全面深度转型，高端绿色发展。

一、文创产业特色突出，总量持续增长

截至 2015 年 12 月底，石景山区文创企业由“十一五”末期的 2700 家增加至 5600 家，年均增长 15.7%；规模以上文化创意企业的从业人员数量由 1.8 万人增加至 3.1 万人，年均增长 10.7%；营业收入由 166 亿元增加至 342 亿元，年均增长 15.6%，增速在全市排名前列。截至“十二五”末，文化创意产业收入占全区第三产业比重为 67%，文化创意产业已成为辖区经济的重要支柱产业，呈现出稳中有进的良好发展态势，为区域经济转型

▶ 北京创业公社投资发展有限公司落户石景山中关村科技园区。

▶ 腾讯创业基地揭牌成立。

▶ 北京暴风科技股份有限公司首次公开发行股票，并在创业板上市网上路演。

▶ 12 月 10 日，石景山区互联网游戏创新创业大赛举行。

升级提供了重要支撑。

“搜狐畅游”“暴风科技”“世界星辉”“小米互娱”“蓝港在线”等数字娱乐企业稳健发展。“猎豹移动”成长为全球最大的移动工具开发商；“华录百纳”获评“全国文化企业 30 强”；北京华录蓝火体育产业发展有限公司获得欧洲篮球赛转播业务的独家代理权；开心麻花影视文化传播有限公司出品的《夏洛特烦恼》，票房总收入超过 13 亿元；“蓝港在线”“飞扬天下”“暴风科技”等企业陆续上市，在资本市场表现活跃；“暴风科技”创造创业板股票成长最快纪录。

文化产品纷纷走出国门，“华录百纳”制作的 30 多部国产电视剧成功实现“走出去”；“昆仑在线”在日韩、东南亚、欧美、港澳台等国家和地区都建立了直接发行网络。

二、重点项目稳步推进，文化创新发展成效显著

中关村石景山园新增入驻企业超过 1000 家，形成以网络游戏产业、影视动漫产业、

数字媒体产业、设计产业互为支撑的发展格局。暴风科技、互爱互动等3家企业被认定为2015年度北京市设计创新中心，全区共有10家企业获此殊荣。新首钢高端产业综合服务区建设取得积极进展；西十筒仓冬奥广场项目完工；北京冬奥会组委会落地办公；世界侨商创新中心项目正式落地；西山八大处文化景区建设积极推进，举办第十四届八大处茶文化节等系列活动。

三、搭建企业服务平台，政策环境不断优化

一是创新平台服务模式。3月，石景山区人民政府与微软公司合作创建“微软技术实践中心”和“石景山互联网游戏创业平台”，联合举办了首届“石景山区互联网游戏创新创业大赛”，20多个游戏制作团队参赛，共角逐出最佳体验奖、最佳技术奖、最佳创意奖、最佳视觉效果奖和最佳商业化设计奖等5个单项奖，进一步促进互联网游戏产业集聚发展。

二是创新文化金融服务模式。在全市率先设立石景山区文化创意企业贷款风险补偿资金，为文创企业提供增信支持。首期设立2000万元资金，与北京银行石景山支行、杭州银行石景山文创支行合作，为4家文创企业提供贷款金额3785万元，增信额度534万元。

三是大力支持大众创业、万众创新。在全市率先发布《石景山区关于支持大众创新创业的暂行办法》，实施“创新创业石景山”启航工程，设立5000万元专项资金。创业公社、趣行天下、华海基业、常青藤创业园被认定为石景山区“众创空间”；创业公社、创业魔法学院被认定为北京市“众创空间”；常青藤创业园被认定为国家级“创客空间”。

四是加大企业服务力度。组织61个文创项目申报2015年北京市文化创新发展专项资金（产业类）支持项目。组织辖区文创企业参加第十届北京文博会、第六届京西消费节等活动，为企业搭建展示、推介和交易平台。

门头沟区 2015 年文化创意产业发展情况

4 月 8 日，门头沟区与市文资办及相关企业围绕文化旅游产业转型升级情况展开座谈交流。

2015 年，门头沟区规模以上文化创意产业单位共计 38 家，从业人员 1792 人，实现收入 16.383 亿元，同比增长 9.4%，文化创意产业呈现稳步发展态势。其中，广播、电视、电影业收入占全区文化创意产业总收入的 23.5%；旅游、休闲娱乐业收入占比 22.2%；广告会展和软件、网络及计算机服务业收入分别占 10.6% 和 18%，初步形成了以广播影视为主导，以广告会展、软件互联网为重点，以文化旅游休闲娱乐为支撑的文化创意产业体系。

2015 年，充分发挥政府在规划与政策方面的引导作用。统筹考虑全区文化资源布局与产业发展现状，制定完善《门头沟区文化创意产业发展规划（2016—2020 年）》，明确指导思想与战略定位，着力优化产业空间布局，培育重点业态，全面推动门头沟区文化创意产业集约化、专业化、特色化发展。制定出台“门创 30 条”“门头沟创新创业行动计划”等政策，完善投资、创业服务，支持开展文化创业创新；积极服务总部企业，产业发展活力进一步增强。

加强文创企业服务。推进银企对接，与工商银行、珠江村镇银行等 5 家银行、2 家担保公司沟通，为北京诺亚盛典文化发展有限公司等 7 家小微文创企业提供融资 1125 万元。指导辖区企业申请北京市文化创新发展专项资金（产业类）支持项目。北京世熙创意国际文化传媒有限公司和北京京西文化旅游股份有限公司的项目获得 415 万元资金奖

10 月 23 日，文创企业人才门头沟行活动举办，组织 10 多家企业代表赴门头沟参观文创产业园区。

10 月 30 日，第二期文化创意产业培训班学员参观北京文化创意产业展示中心、第十届文博会。

10 月，“情定永定河”第九届中国北京永定河文化节举行。

京西创客工场“西山创客咖啡”。

励。组织 2 期区文化创意产业培训班，邀请中央财经大学文化创意产业研究院和北京大学文化产业研究院专家授课，赴北京市文化创意产业展示中心等地交流，丰富、更新政府、企业管理人员知识结构，扩宽发展思路；完善文化公共信息平台，即“创意门头沟”网站（http://www.mtgci.gov.cn/）、微信公众号（MTGCI-v），及时发布企业和项目信息，促进政企互动，为企业创造线上合作与融资机会。

着力推进文化创意载体建设。稳步推进灵水、爨底下、琉璃渠等历史文化名村保护性开发规划制定，重点培植文化展示、创意体验等功能，打造文化创意产业发展新空间。建设“京西创客工场”，吸引北京紫晶立方科技有限公司、遨博智能科技等一批文化艺术原创和文化科技融合企业落地。

广泛开展文化交流推介活动。陆续举办了“文创人才门头沟行”、第九届中国北京永定河文化节、第六届北京国际山地徒步大会、第三届北京惠民文化消费季“文化惠民　乐享京西”门头沟区惠民文化消费月等品牌活动，促进文化消费。以“集艺术瑰宝　架艺术桥梁”为主题参加第十届中国北京国际文化创意产业博览会，展示门头沟区生态与文化资源，拓展文创企业合作渠道。

房山区 2015 年文化创意产业发展情况

▶ 10 月，北京基金小镇国际会议中心暨一站式综合服务中心启用。

▶ 北京市房山区绿地文化创业产业园揭牌仪式。

2015 年，房山区共有规模以上企业 82 家，实现收入 31.05 亿元；从业人员 7015 人，利润总额 0.45 亿元。

一、不断优化文化创意产业发展环境

制定出台《北京市房山区人民政府扶持小微文创企业发展实施办法》，为小微文创企业及文创产业园区提供资金补贴、奖励等支持。制定出台《房山区人民政府支持众创空间发展的实施意见》，加大对众创空间的扶持力度。

二、重点文创产业园区

北京基金小镇和互联网金融安全产业示范园成功落户房山，被列为“十三五”时期市级重点项目。

北京基金小镇总面积 18 平方公里，规划建筑面积约 90 万平方米，主要吸引包括创业投资基金、股权投资基金、证券投资基金、对冲基金等各类基金及相关产业链服务机构入驻，力争到 2020 年引进、培育具有较大规模的基金机构超过 500 家，资产总规模超过 10,000 亿元。

绿地文化产业园。绿地集团依托中小企业产业发展与扶持平台，成立规划建筑面积 11.9 万平方米的绿地文化创意产业园区，为中小文创企业搭建发展平台。

北京文化硅谷配套四星级酒店完成总工程量的 87%。文化交流中心主体结构封顶，完成总工程量的 75%；神州百戏剧场正在进

▶ 青创动力（北京）科技孵化器有限公司。

▶ 青创下午茶活动，搭建孵化企业交流平台。

行回填土施工；综合演艺中心 A 座完成结构封顶，B 座正进行二次结构施工。

三、重点文创企业

光合（北京）文化创意股份有限公司。该公司于 2015 年 9 月在新三板挂牌上市，是国内第一家上市的文创企业，致力于营造国内文化创意产业生态发展环境，促进国内传统行业提高文化品牌附加价值，提升国家和地区的文化影响。其子公司——光合优创（北京）企业加速器，与房山区人民政府合作打造文创企业孵化器 2.0 模式，为企业创造和管理品牌价值。

青创动力（北京）科技孵化器有限公司。该公司主营业务范围包括产业孵化器、投资管理、企业管理咨询等。与绿地集团进行战略合作，全力打造“房山区科技产业聚集区”，已经孵化了青创系（北京）投资管理有限公司、北京青创伯乐投资有限公司等多家企业。其中，北京青创伯乐投资有限公司已经投资 10 多家新三板拟挂牌企业和挂牌企业。

尚大沃联福亲子农园。尚大沃联福亲子农园依托房山区良好生态环境，积极引导和促进文化与旅游、农业等相关产业融合发展。该企业是国内首家生态环境教育体验式基地，先后被中国青少年研究中心授予素质教育基地，被海淀区教委授予户外教学基地，被清华大学授予户外教育基地，被中央电视台确定为《小小智慧树》栏目外景拍摄基地等。

通州区 2015 年文化创意产业发展情况

▶ 10 月，通州展区精彩亮相第十届北京文博会。

通州区位于京、津、冀连接轴、环渤海发展带，交通发达，区位优势明显，历史文化资源与当代文化创意互为表里，为文化创意产业的发展奠定了良好的基础条件。

产业定位更加明确，高层构建逐步完善。2015 年，通州区文化委拟定了《通州区人民政府关于加快通州区文化创意产业发展的实施意见》《通州区关于加强文化创意人才队伍建设的意见》，开展文化创意产业发展专项资金征集评审工作，建设“北京通州文化创意网”，加强了对文化创意企业管理人员的培训，畅通文化创意产业信息传播交流渠道，为文化创意企业和人才在通州创业发展搭建了良好的平台。

产业规模持续壮大，集聚态势初步显现。截至 2015 年 12 月底，在通州区注册的文化创意产业法人单位共计 12,525 家，从业人员 3.88 万人。其中，规模以上文化创意产业

▶ 2015 年通州区文创专项资金项目专家评审会。

▶ 2015 年通州区文创资金申报工作部署会议。

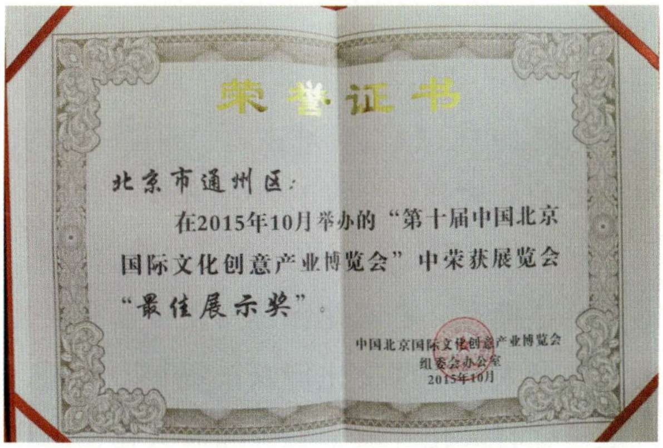

▶ 北京市通州区荣获第十届北京文博会最佳展示奖。

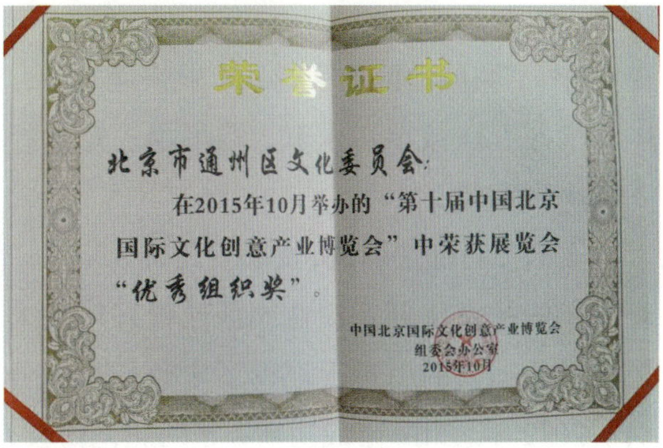

▶ 北京市通州区文化委员会荣获第十届北京文博会优秀组织奖。

单位 80 余家，从业人员 1.3 万人，实现收入 125.54 亿元，同比增长 9.48%。“十二五”期间，全区文化创意产业经济贡献率逐年增加，成为继现代制造业、生产性服务业等主导产业之外，支撑辖区经济发展的新的增长点。

宋庄文化创意产业集聚区发展迅速，汇集了近万名海内外艺术家，30 余家大型美术馆，200 多家画廊和艺术机构，大小艺术区近 30 个，艺术家工作室 4500 多个，展览、经营面积 30 多万平方米，年均举办各类文化艺术展览千余场，慕名而来的海内外游客络绎不绝，形成了全国乃至世界上极具影响力和知名度的艺术家群落。北京出版发行物流中心（台湖图书城）汇聚了全国 572 家出版社，48 家国际出版集团、900 余家音像制品代理商及 370 多家民营图书公司，常年举办展销会、订货会、研讨会、论坛等各种活动，集群效应明显，在全国出版发行业界的影响力不断提升。14 家印刷复制企业年产值超过千万元，有力推动了文创产业发展和文化消

▶ 宋庄文化创意产业集聚区——宋庄美术馆。

▶ 北京台湖出版物会展贸易中心。

费。此外，梨园地区数字音乐产业快速发展，连续举办五届数字音乐节，取得了一定的经济效益和社会效益。

文创项目加快引进，发展后劲持续增强。通州区依托文化创意产业园区建设，在重大文化产业项目的引进上取得了丰硕成果。分别于2012年、2014年成功举办了两届艺博会，社会关注度不断提高。在第十届北京文博会上，通州区以北京城市副中心的崭新形象高调亮相，获得“优秀组织奖”和“最佳展示奖”两项大奖。9月13日，环球主题公园正式签约，11月7日正式开工，将于2020年正式营业，是面向东北亚市场崭新的旅游目的地。此外，通州区还拥有开心麻花影视文化传播有限公司、派格太合环球文化传媒投资有限公司、大运河翰林文化开发中心等知名文化创意企业，产业发展后劲非常强劲。

顺义区 2015 年文化创意产业发展情况

10 月，顺义展区精彩亮相第十届北京文博会。

2015 年，顺义区坚持以建设文化强区为目标，扎实推进文化创意产业发展，积极构建现代产业体系，推动区域经济转型升级，取得了较好的成效。

一、总体情况

（一）加大扶持力度，产业总体发展平稳有序

2015 年，顺义区文化创意产业法人单位 121 家，实现收入 117.7 亿元，利润总额 5.4 亿元，从业人员 12,946 人。

（二）四大产业优势明显，支柱地位更加巩固

顺义区依托文化资源优势，初步形成了以广告会展、出版印刷、设计服务、时尚文体休闲为核心的文化创意产业发展格局。上述四类文化行业共有规模以上文化创意企业 76 家，占全区文创企业总数的 60% 以上，占全区文创产业收入比重为 70%。

会展服务业。2015 年，顺义区举办各类展会近 30 场，展出总面积超过 140 万平方米，

参展商和参观群众超过270万人次。2015年顺义区规模以上广告会展企业31家，实现收入48.5亿元，占全区文创产业收入比重为41%，利润总额6.6亿元。

出版印刷业。顺义区现有140余家出版印刷企业，从业人员近5000人。2015年，顺义区规模以上出版印刷企业实现收入8.3亿元，利润总额4436万元。其中，雅昌文化集团荣获27届“香港印制大奖”18项大奖，荣获美国班尼奖11项金奖，成为全球获金奖总数最多的印刷企业。

设计服务业。顺义区创意工业设计企业283家。23家企业拥有市级以上企业技术中心称号。其中，国家级企业技术中心5家、国家级实验室5家。北汽股份汽车研究总院设计研发的“绅宝CC”“绅宝X65”和“BJ40”三项产品荣获2015中国设计红星奖。全年，顺义区累计20项产品荣获中国设计红星奖，其中，金奖2项（江河幕墙、曲美家具），银奖1项。2015年，顺义区规模以上设计服务企业实现收入7.13亿元，利润总额4458万元。

时尚文体休闲业。顺义区整合国际鲜花港、奥林匹克水上公园、汉石桥湿地等资源优势，打造“绿色生态”产业板块。2015年，国际鲜花港在举办郁金香文化节、菊花文化节的基础上，新增举办了月季文化节、百合文化节，客流量40万人次。顺义水上公园积极承办燕京啤酒节、全国赛艇锦标赛、亚洲赛艇锦标赛等大型活动。2015年顺义区规模以上旅游、休闲娱乐企业26家，实现收入18.8亿元。

（三）重点项目不断推进，产业发展后劲十足

目前，顺义区在建文创产业重大项目共6个，总投资额125.5亿元，建设面积超过260万平方米。其中，国家对外文化贸易基地建设取得阶段性成果，建设完成一期国家文化贸易企业集聚中心；北京国际文化艺术保护中心完成实验室一期装修改造工作，检测实验室、文物库房展厅等设施基本具备运营服务能力；文化保税运营服务全面开展，首批入驻5家文化企业，另有7家正在办理入驻手续。

成立全国首个民族特色版权中心。由民族文化版权征集中心、管理中心、授权许可中心、全球设计素材中心、体验中心、活动中心六个部分组成，每年征集民族特色文化原创作品一万件，培育转化输出文化项目百余个，成为“全国民族文化创作大赛”的根据地。

二、主要工作

（一）加强文创产业顶层设计

开展“十二五”期间辖区文化创意资源调研摸底工作，全面掌握区文化创意产业资源分布、重点企业发展情况，包括：数据统

6 月 3 日，民族特色文化版权保护与展示交易中心揭牌仪式举行。

9 月 9 日，顺义区 2015—2016 年度文化创意产业项目征集会召开。

雅昌文化集团荣获美国印制业第 66 届班尼奖两项全场大奖。

国家对外文化贸易基地（北京）设计贸易推介活动。

计分析，重大项目建设进展，招商引资情况，各镇、开发区重点项目推进和重点文创企业发展情况；土地、楼宇、园区、老旧车间、厂房等存量空间；文创产业高端人才供需情况，等等。准确把握辖区文化创意产业发展现状、问题、潜力，为规划发展“十三五”时期文创产业提供科学依据。

（二）加大政策资金扶持力度

梳理区级文创产业扶持政策，编印了《顺义区文化创意产业政策汇编及政策服务手册》。研究制定《顺义区文创产业园区及孵化器认定管理办法》。加大区级专项资金投入，将专项资金支持规模由 2000 万元调整为 5000 万元。

（三）加强展示推介平台建设

积极参加第十届北京文博会，以“创意顺义，精彩绽放”为主题，策划展台活动，举办专题研讨会；开设“国际艺术珍品保税交易”“创意农业嘉年华”“北方高端红木”三大主题的分会，展陈面积超过42,000平方米，40余家企业、12,000名展商代表积极参与。

举办第三届顺义区惠民文化消费季，包括“文化惠民金秋演出”“文化惠民电影节”“文化惠民娱乐消费”“文化惠民阅读”“文化惠民休闲旅游”“中式文化生活”六大主题活动及200余项具体活动，消费人次超过63万，消费金额1764万元，交易金额达1300多万元，意向金额近2000万元。

大兴区 2015 年文化创意产业发展情况

▶ 国家新媒体产业基地创新工厂。

▶ 国家新媒体产业基地星光视界中心。

2015 年，大兴区文化创意产业发展总体向好，对区域经济的带动作用显著增强。截至 12 月 31 日，大兴区规模以上文化创意产业单位 86 家，实现收入 71.26 亿元，从业人员 11,083 人。

2015 年，为促进辖区文化创意产业发展，大兴区着重开展了以下四项工作：

深化产业研究。紧密结合区域资源优势，确定文创产业重点发展领域，突出抓好重点领域的文创产业项目建设和企业培育，加大对特色载体、重大项目的扶持力度。

促进文化与相关产业融合发展。以大兴区新媒体产业基地为载体，建设文化科技企业孵化器，实现文化科技双向深度融合。加快文创基金产业园建设，发展全产业链文化投融资服务体系。深入挖掘大兴文化内涵，吸引龙头旅游项目入驻，增强文化旅游产业的发展动力。

推动文创产业功能区集聚发展。建设国家新媒体产业基地功能区，形成国家级大型新媒体产业总部区。建设星光影视园，形成具有中国媒体行业特色的文化产业聚集区。

扩大区域文创产业影响力。推动实施文化“走出去”促进工程，提升大兴区文创企业的国际知名度和影响力。加大文化招商力度，重点引进跨地区、跨行业的大型文化企业集团。

大兴区文化创意产业发展实现了以下突破：

文创产业集聚能力不断增强。大兴区新媒体产业基地核心园区驱动作用突显，文创企业集群效应日益增强；星光影视园产业带动作用不断增强。

▶ 5 月 18 日至 6 月 18 日，第七届北京月季文化节举行。

▶ 11 月 18 日，2015 中国设计节在大兴区举办。

▶ 12 月 22 日，2015 年大兴区北京市文化创新发展专项资金获批项目工作会召开。

产业结构不断优化。2015 年，软件、网络及计算机服务等文化科技行业的收入比重有所提高，文化消费质量效益不断提升，文化创意产业呈现趋向“高精尖”结构的发展态势。

产业发展环境不断改善。规划建设创新工场、“文化创意 +”集成融合创新平台、创 e 咖啡等公共服务平台，创建产业联盟，不断完善文创产业服务体系，提升优质文创企业的影响力。

融合发展不断深入。推动“文化 + 节庆”“文化 + 旅游”的新模式，开辟文化旅游产业新空间。积极打造文化金融合作发展新模式，促进文化金融合作不断深入。

转型升级不断加速。建立创 e 咖啡、“创客 +”咖啡等新型创业平台，降低创业成本，为创业者打开事业之门。建设创意中心、创新工场，铸就大兴区产业升级的新样板。

文创产业影响力显著提升。成功举办中国设计节，实现大兴区设计产业与国际设计界的无缝对接。国家新媒体产业基地被认定为“全国青年创业示范园区”；星光影视园成功获评首批“市级文化产业示范园区”，极大提升了大兴区设计服务产业的知名度和影响力。

昌平区 2015 年文化创意产业发展情况

▶ 未来文化城效果图。

近年来，昌平区文化创意产业持续稳步快速发展，产业规模不断壮大。截至 2015 年 12 月底，全区规模以上文化创意产业企业 186 家，总资产 190.6 亿元，实现收入 157 亿元，同比增长 6.2%；从业人数超过 2 万人，年均增速超过 20%。其中，软件、网络及计算机服务业，其他辅助服务业的发展优势明显，分别占产业总收入的 58% 和 21%；创意设计产业增速较快，位于产业总收入比重第三位。

完善文创产业园区建设管理。昌平区立足自身产业布局和资源特点，推进明十三陵历史文化创意产业集聚区、未来文化城、昌平新城文化创意产业园、汤泉古镇旅游文化产业功能区建设。此外，宝隆艺园、宝贵石艺园、十三陵国际艺术园、昌平工艺美术园、沙河博展联盟创新基地等多个专业文创产业园区，以及上苑、香堂等文化创意村落已成为昌平区文创产业发展中的亮点。

为规范文化产业园区的申报、认定、考核及相关管理工作，引导和促进区内文化产业园区建设，参考北京市及辖区文化创意产业发展现状，根据《文化部“十二五”时期

乐多港假日广场效果图。

宝隆艺园无底价拍卖。

北京博展创意产业联盟创新基地。

文化改革发展规划》《文化部关于加快文化产业发展的指导意见》《文化部将进一步加强对文化产业园区的政策支持 》《北京市促进文化创意产业发展的若干政策》《北京市文化创意产业发展专项资金管理办法(试行)》《昌平区产业转型升级政策》等有关扶持政策，加强摸底调研，编制出台了《昌平区文化产业园区认定和管理办法》，挂牌认定了3家文创产业园区。

狠抓重大项目建设。一是重点推进大型旅游商业文化综合体乐多港假日广场项目建设。该项目地处十三陵景区，位于北京市昌平区城南街道南口路29号，项目总用地面积39.82万平方米，建设用地面积23.7万平方米，规划总建筑面积约28.6万平方米。项目总投资397,000万元，以旅游文化为主线，以奥特莱斯、温泉特色酒店、高科技文化体验为载体，打造商业及创意文化的开放交流平台，填补了北京郊区大型旅游商业文化综合体的空白，实现北京休闲旅游产业和文化创意产业的融合与升级，该项目已于8月26日试营业。二是重点推进未来文化城建设，以国家大马戏院、魔术之都为龙头，打造海鹊落新都市中心，引进现代文化元素，建设杂技、马戏、魔术、滑稽等四位一体的旅游娱乐综合体。

平谷区2015年文化创意产业发展情况

2015中国乐谷北京国际流行音乐季演出现场。

2015年，平谷区共有规模以上文化创意产业单位61家，实现收入47.8亿元，同比增长18.6%；实现利润总额4.2亿元，同比增长75%；吸纳从业人员3990人，同比增长14.3%。

京津冀地区最大的乐器交易中心建成。中国乐谷是中国提琴之乡，年生产量近20万把，占世界总产量近1/3，拥有北京华东乐器、长安乐器等大型乐器制造企业4家，手工作坊150余个，小提琴年产值1亿元。2015年，京津冀最大乐器交易中心——乐器4S店“华东乐库乐器城”建成，占地4000平方米，采用乐器销售(Sale)、售后服务(Service)、配件供应(Sparepart)、教育培训（School）于一体的4S店营销模式。乐器城包括“乐器展卖区”和“音乐教育培训区”两个区域。乐器展卖区主营小提琴、钢琴、古筝、吉他等10大类数百种乐器，涵盖雅马哈、卡西欧、星海等国内外一线品牌。音乐教育培训区面向音乐爱好者及艺考生群体，聘请专业音乐院校讲师，提供专业、正规的音乐教育培训，已开设4个培训校区。

“2015 中国乐谷 · 优酷土豆 · 理想音乐节——青年先锋在行动”活动现场。

乐器城：培训班学生现场演奏。

2015 中国乐谷北京国际流行音乐季。

乐器城：顾客现场购买乐器。

乐谷国际流行音乐季和乐谷 · 优酷土豆 · 理想音乐节成功举办。5 月 1 日至 3 日，在乐谷草地音乐公园成功举办“2015 中国乐谷 · 北京国际流行音乐季”，42 组国内知名艺人登台献唱，100 万人次参与现场活动或通过视频观看演出。5 月 2 日，现场参与人数达 7 万人次，创造了国内音乐季单场次最高观看人次纪录。10 月 1 日至 3 日，举办“2015 中国乐谷 · 优酷土豆 · 理想音乐节”，线上、线下观众超过 500 万人次，成为人气最高的中国音乐节。本届音乐节打破传统的单一线下观看模式，实现 O2O 模式，既能现场观看，感受音乐节气氛，也可以足不出户在线参与。

企业集聚效应显著。制定入区企业管理办法，整理相关省市和北京市、区级文创产业扶持政策，加强入区企业服务。截至 2015 年底，全区共有注册企业 85 家，注册资金 6.8 亿元。其中，注册资金 500 万元以上的企业 25 家，其中包含 1000 万元以上的企业 15 家。2015 年，新增注册企业 41 家，新增注册资本约 2.2 亿元。

怀柔区 2015 年文化创意产业发展情况

国家中影数字制作基地鸟瞰图。

2015 年 1—12 月，怀柔区规模以上文化创意法人单位实现收入 88.7 亿元，同比增长 33.7%；缴纳税收 9.67 亿元，同比增长 45.4%。全年新增文化创意企业 1332 家，注册文创企业总数达 5976 家。目前，怀柔区文化创意产业呈现以影视产业为核心，广告会展、文化旅游等业态相互支撑的发展格局。2015 年，在怀柔区注册的影视公司实现收入 52.8 亿元，同比增长 29.9%；缴纳税收 2.5 亿元，同比增长 31.5%。21 部在怀柔拍摄制作的国产影片票房收入突破亿元。怀柔区影视产业收入占全区文创产业总收入的比重超过 50%，常年保持产业支柱地位。

2015 年 4 月 16 日，在北京雁栖湖国际会展中心第五届北京国际电影节开幕当天，国家新闻出版广电总局局长蔡赴朝和市长王安顺为中国（怀柔）影视产业示范区成立揭牌。为推动影视示范区建设，市区共同注册成立了影都文化投资发展有限公司，加强政府统筹和市场化运作，形成“影管办＋影都文投”的双重支撑模式。

推进影视产业示范区综合配套政策、《怀

4月1日，北京市新闻出版广电局、怀柔区人民政府联合主办的2015春季北京电视节目交易会在北京会议中心举行。

北京市首家以影视产业中小型企业为培育对象的影创空间正在建设中。

星美今晟影视城拍摄现场。

影创空间一期对益田影人花园酒店进行重点改造。

柔区“十三五”时期文化创意产业发展规划》《怀柔区推进文化创意和设计服务与相关产业融合发展实施方案》等政策的编制工作。制定出台《促进区域经济转型发展专项资金支持政策》（怀政发〔2016〕15号），设立影视文化产业发展专项资金，重点支持投资制片、后期制作、交易发行等核心环节，通过孵化创业免租、盘活资源投资补贴和重大影视文化项目落地补贴等方式支持项目建设，区财政最高支持3000万元。推动北京博纳集团怀柔总部基地项目签约落户。全力推进产业孵化平台影创空间一、二期项目建设，确保6月底前一期投入使用；年底前二期项目完成土地回购和规划方案设计。全力搭建北

4月23日，第五届北京国际电影节在怀柔区闭幕，主竞赛单元“天坛奖”10项大奖现场颁奖。

京市首个影视产业平台——影视示范区O2O创新创业服务平台，整合线上、线下资源，为影视企业、项目和剧组提供专业化管家服务。搭建“影创会客厅”网络服务系统，统筹工商、税务等职能部门入驻集中办公，搭建一站式产业公共服务平台，打造从影视企业注册、建设、运营到拍摄、制作、发行的产业服务体系。目前，已完成物业回购，进入装修改造，将与影创空间（一期）同步投用。

同时，稳步推进中影二期、光华影业园等重点项目开发。加快影视产业示范区闲置土地资源摸底和产业疏解，初步建立了客户（企业、人才）储备信息平台和文创产业资源监测数据体系，出台《怀柔区文化创意产业主要指标监测分析实施方案》，在全市范围内首次建立起文创产业统计主要指标数据库；成功举办北京电视节目交易会、北京国际电影节、文博会、影都·沙龙等品牌活动，“中国影都”知名度和影响力持续提升。

密云区 2015 年文化创意产业发展情况

北京密云生态商务区效果图。

2015 年，密云区深入实施“文化强区”战略，积极推进文化创意产业提质增效、升级发展，努力服务首都经济转型升级，构建“高精尖”经济结构。

文创产业增势显著。2015 年 1—12 月，密云区规模以上文化创意企业 61 家，实现收入 26.04 亿元，同比增长 15.10%，占全区 GDP 比重为 10%。文化创意产业支柱地位初步显现，成为辖区经济新的增长点。其中，文化艺术 1 家，新闻出版 1 家，网络及计算机服务 6 家，广告会展 21 家，设计服务 4 家，旅游、休闲娱乐 21 家，其他辅助服务 7 家。广告会展业和旅游休闲娱乐业成为引领辖区文化创意产业发展的主力军。

强化文创产业政策扶持。健全文化创意产业政策服务体系，促进文化创意产业可持续发展。围绕“四个走在前列”的奋斗目标，立足“绿色国际休闲之都”的发展定位，编制《密云区“十三五”时期文化创意产业发展规划》。建立文化品牌扶持机制，加强文化创意产业知识产权保护，营造良性发展环境。

积极服务辖区文创企业。积极协助辖区文化创意企业申报 2015 年度北京市文化创新发展专项资金（产业类）支持项目。耀莱影城王府井项目、2015 洛杉矶艺术博览会“中

▶ 密云首云国家矿山公园。

▶ 4月24日,《奔跑吧兄弟》第三季赴密云古北水镇景区录制,同时启动了"奔跑2015"阳光跑道公益健行计划长城首跑仪式。

▶ 优龙国际生态旅游文化村。

▶ 北京紫海香堤艺术庄园。

国国家展"项目累计获得222万元的专项资金支持。

重点文化产业项目带动效果显著。依托司马台长城的历史文化资源，借助中青旅控股股份有限公司品牌优势，积极运用乌镇旅游股份有限公司的先进经营理念，建设完善北京密云·古北水镇（司马台长城）国际旅游度假区，建成集高端商务会展、旅游休闲度假等多功能于一体的旅游休闲目的地。2015年，"古北水镇"共接待游客250万人次，实现旅游综合收入4.5亿元，纳税3900万元，成为密云文化旅游的新地标，为密云区文化创意产业发展注入了新动力，带动周边文化创意产业的集聚发展。

加速建设密云生态商务区。坚持错位经营、差异化发展，依托优越的生态环境，重点建设密云生态商务区，着力引进具有高成长性的文化创意总部企业及配套服务机构入驻，力争建设成为承载外埠总部企业进京发展的新门户。目前，华润置地和绿地集团已进驻商务区，分别规划设计了"万象汇"商业综合体和绿地·朗山国际健康产业园，打造商务区建设的新引擎。

延庆区 2015 年文化创意产业发展情况

▶ 9 月 14 日至 19 日，“2015 北京国际马球公开赛暨中国—阿根廷马业博览会”在延庆区开赛。

2015 年，延庆区规模以上文化创意企业 40 家，从业人员 3315 人，收入合计 10.1 亿元，资产总额 31.4 亿元。其中，旅游、休闲娱乐业实现收入 8.2 亿元，文化艺术业实现收入 0.4 亿元，新闻出版业实现收入 0.6 亿元，广播、电视、电影实现收入 0.2 亿元，设计服务业实现收入 0.3 亿元，其他辅助类服务业实现收入 0.3 亿元，软件、网络及计算机服务业实现收入 0.1 亿元。

文创产业主导业态增速明显。延庆区旅游资源丰富、生态环境优良、人文底蕴深厚，重点文化旅游项目建设迅速推进，旅游、休闲娱乐业已成为支撑延庆区文创产业发展的主导力量。延庆区立足“首都生态涵养发展区”的功能定位，奋勇争先建设国际一流生态文明示范区。通过积极举办自行车骑游大会、端午文化节、百合文化节、长城森林艺术节、国际马球公开赛、冰雪欢乐节等重大文化娱乐活动，社会影响力不断扩大，取得了良好的社会效益和经济效益。2015 年，依托各项品牌文化活动和丰富的文化、旅游资源，辖区共接待游客 2095 万人次，同比增长 6.3%，实现旅游综合收入 54.02 亿元，同比增长 11.3%。

绿色经济发展空间广阔。2014 年，举全区人民之力，圆满举办了第十一届世界葡萄大会、第八十届世界房车露营大会，积累了丰富而宝贵的举办绿色发展大事经验。因此，2015 年成功举办了世界马铃薯大会，积极筹办 2019 年北京世界园艺博览会（A1 级），配合成功申办 2022 年冬奥会，成为冬奥会三大

5 月 30 日至 31 日，2015 长城森林艺术节——儿童专场在延庆水关长城探戈坞音乐谷举行。

6 月 9 日，第八届北京端午文化节暨北京市第三届“非遗大观园”端午游园会在延庆开幕。

6 月 20 日，第二届中国自驾游与房车露营大会在延庆龙湾国际露营公园举行开幕式。

6 月 26 日至 7 月 31 日，首届北京百合文化节在延庆区世界葡萄博览园举办。

赛区之一。一系列世界级大型盛会，有效推动了文化与旅游、农业、体育、会展等产业融合发展。国际会展中心、马铃薯亚太中心、五星级辉煌国际度假区、世界葡萄博览园和葡萄酒交易中心相继建成运营，为延庆区文创产业可持续发展提供了有力支撑。依托园艺产业发展基础，全面启动世园会拆迁、景观大道建设等工程，研究制定世园会总体规划，将积极引进国内外园艺龙头企业、科研机构、行业组织及关联产业项目，打造了集种质繁育、技术研发、会展交易、创意开发等多功能于一体的现代园艺产业集聚区（HBD）。延庆区作为 2022 年冬奥会三大赛区之一，按照“一轴两翼”的空间布局，规划发展冰雪旅游产业。冰雪产业发展优势凸显，2015 年冬季举办的第 30 届冰雪欢乐节期间，大量游客涌入延庆，看冰灯，玩冰雪，泡温泉，赏民俗，品美食，累计接待游客 201.3 万人次，实现旅游综合收入 1.21 亿元。

文创产业园区主题特色鲜明。依托八达岭长城景区、水关长城、残长城等丰富文化旅游资源，推动建设八达岭长城文化旅游产业集聚区，汇聚的长城博物馆、詹天佑纪念馆、青龙桥火车站等历史文化机构吸引更多世界游人关注。长城脚下的公社、阳光马术俱乐部、八达岭滑雪场等一批高端休闲场所接待服务质量不断提升。梦幻长城主题体验馆建设全面启动，其中，“新长城剧场”正式启动，总投资约 1.2 亿元，项目以全球首创的球

2015 长城森林艺术节——儿童专场。

首届北京百合文化节。

延庆区委宣传部、投促局等单位组织辖区文创企业召开座谈会，围绕重大文创项目建设情况进行座谈。

延庆区文促中心组织相关文化行政管理部门、动漫游戏企业召开座谈会，围绕延庆区动漫产业发展进行座谈。

幕 3D 动感影院为核心，以行业领先的 4D 影厅为重要组成部分，同时配套多样化的互动娱乐体验区以及文化衍生品销售区。努力打造与德国柏林音乐会森林剧场、好莱坞碗形剧场（Hollywood Bowl）相媲美的国际性文化新地标。成功举办长城森林艺术节，首次设立“六一”儿童音乐节专场，培育“休闲延庆·音乐生活”高端户外音乐品牌；以马球运动为主题，加快建设北京国际马文化旅游产业园，打造集文化传播、旅游休闲、体育赛事、产品交易、餐饮住宿为一体的综合性产业园区，推出马球马术比赛、马文化实景演出、马文化艺术展览展示、世界名马展、特色酒店等重点项目，2015 年客流量超过 4 万人次。

重大文化项目建设成效显著。投资 1953.93 万元，建设八达岭森林生态体验项目，涵盖青龙谷、丁香谷及红叶岭三个区域，构建多功能文化体验区，预计 2016 年年底前实现运营；投资 1.2 亿元，建设“梦幻长城”项目，以长城文化为主题，打造交互式体验场馆。投资 1.2 亿元，建设“百里乡居”系列创意乡村酒店，利用现代建筑设计工艺，改善提升古村历史文化原貌。此外，国际马球中心、八达岭驻场实景演出、妫河建筑创意区、光影山水·滴水壶等一批重点文创项目即将落地。

第七部分

大事记

1月

1月7日至8日，市文资办党委副书记赵磊出席“2015年欢乐春节北京文化庙会·台北之旅”工作协调会。

1月12日，市文资办党委副书记赵磊出席北京市文化创意产业投资基金管理有限公司2014年度述职报告会。

1月12日，市文资办召开新闻宣传工作调度会，市文资办副主任刘绍坚出席会议。

1月12日，市文资办副主任龙晓雯出席北京市文化经济政策服务平台线下部分建设验收会。

1月13日，市文资办党委副书记赵磊出席北京市文化科技融资担保有限公司2014年度述职报告会。

1月14日，市文资办举行系统干部综合能力培训班，市文资办副主任刘绍坚出席开班仪式并讲话。

1月19日，市文资办主任周茂非、党委副书记赵磊参加中共北京市第十一届纪律检查委员会第四次全体会议。

1月21日，市文资办党委副书记赵磊出席北京文化创新工场投资管理有限公司2014年度述职报告会。

1月22日，市文资办主任周茂非、党委副书记赵磊参加“一府两院”为市人大代表和政协委员开展现场咨询服务活动。

1月23日，市文资办主任周茂非参加北京市第十四届人民代表大会第三次会议。

1月24日，市文资办副主任刘绍坚参加市政协十二届三次会议第二次全体会议。

1月25日，市文资办主任周茂非参加市政协十二届三次会议“坚持首都城市战略定位　加快科技创新中心建设　推进京津冀协同发展”和“全面落实依法治国基本方略　建设法治中国首善之区”专题座谈会。

1月26日，市文资办副主任龙晓雯参加中国人民政治协商会议北京市第十二届委员会第三次会议。

1月28日，市文资办与北京双高人才发展中心战略合作签约暨北京文创双高人才发展中心揭牌仪式在北京文化创意产业展示中心举行，市文资办党委副书记赵磊出席并致签。

1月28日，市文资办党委副书记赵磊出席北京市文化产业小额贷款股份有限公司2014年度述职报告会。

2月

2月2日，市文资办召开2014年度领导班子民主生活会。

2月3日，市文资办召开2014年北京市文化创新发展专项资金（产业类）支持项目征集评审工作会，市文资办主任周茂非出席会议。

2月4日，市文资办召开2014年“一报告两评议”及领导班子年度考核工作会议。

2月5日，市文资办召开《北京市人民政府关于促进文化消费的意见》政策座谈会。

2月5日，市文资办领导班子成员出席北京市文化投资发展集团有限责任公司2015年第1次管委会会议。

2月13日，市文资办召开党委民主生活会通报会。

2月26日至3月9日，市文资办党委副书记赵磊参加“2015年北京文化庙会环球行·台北之旅”活动。

2月27日，市文资办副主任龙晓雯参加北京市科学技术奖励大会暨2015年北京市科技工作会议。

2月27日，市文资办主任周茂非参加2015年北京市审计工作电视电话会议。

3月

3月12日，市文资办主任周茂非出席文化部文化产业司与市文资办共同建设国家文化金融合作试验区座谈会。

3月12日，市文资办召开《北京市人民政府关于促进文化消费的意见》政策座谈会。

3月16日，市文资办召开2015年工作务虚会。

3月17日，市文资办召开2014年工作总结暨2015年工作部署会。

3月18日，市文资办召开2014年度机关公务员考核奖励评选推荐及干部民主推荐工作会。

3月19日，市文资办主任周茂非参加第七届全国文化企业“30强”评选推荐和第十一届深圳文博会筹备工作会。

3月20日，市文资办党委副书记赵磊出席第七届“全国文化企业30强”区（县）工作会。

3月25日，市委常委、宣传部部长李伟到北京文化创新工场车公庄核心示范园调研，市文资办领导班子成员陪同调研。

3月25日，市文资办副主任刘绍坚参加

"全国文化企业30强"推荐会。

3月27日，市文资办副主任龙晓雯主持召开《市属文化企业国有资产重大事项管理办法》专家论证会。

3月30日至4月1日，市文资办党委副书记赵磊参加文化企业深化改革加快发展培训班。

4月

4月2日，市文资办党委副书记赵磊出席影都文化投资发展有限公司第一次股东大会。

4月7日，市文资办举办2015年市文资办系统及非公文创企业党组织负责人培训班。

4月7日，市文资办主任周茂非、党委副书记赵磊陪同市委常委、宣传部部长李伟到国家对外文化贸易基地（北京）调研。

4月11日，市文资办领导班子成员出席北京市文化投资发展集团有限责任公司管委会2015年第4次会议。

4月13日至17日，市文资办主任周茂非参加北京市区（县）局级领导干部深入学习贯彻"四个全面"战略思想和战略布局专题研讨班。

4月15日，市文资办副主任龙晓雯主持召开《关于深化北京市国有文化企业改革的工作意见》研讨会。

4月20日至24日，市文资办党委副书记赵磊参加北京市区（县）局级领导干部深入学习贯彻"四个全面"战略思想和战略布局专题研讨班。

4月21日，市文资办主任周茂非主持召开汉唐交易所股权调整工作协调会。

4月23日至28日，市文资办主任周茂非、副主任龙晓雯出席2015年北京文化创意产业（台北）展。

4月27日，市文资办党委副书记赵磊主持召开创建国家文化金融合作试验区工作会。

4月27日，市文资办副主任龙晓雯、副巡视员杨永安出席北京市文化经济政策服务平台工作协调会。

4月29日，市文资办副巡视员杨永安出席首都文化产业协会第一届理事大会。

4月29日，市文资办主任周茂非、副主任刘绍坚出席2015北京文化创意产业项目推介会。

4月30日，市文资办主任周茂非出席文化大数据产业发展及园区建设工作汇报会。

5月

5月5日至7日，市文资办副巡视员杨永安出席北京文惠卡加盟商户经验交流表彰会。

5月11日，文化部部长雒树刚，市委常委、宣传部部长李伟赴国家文化产业创新实验区调研，市文资办主任周茂非陪同调研。

5月15日，市文资办主任周茂非出席北京文资艺术小镇项目方案汇报会。

5月18日至22日，市文资办副主任刘绍坚、副主任龙晓雯、副巡视员杨永安参加北京市区(县)局级领导干部深入学习贯彻“四个全面”战略思想和战略布局专题研讨班。

5月19日，市文资办召开“三严三实”专题教育活动工作部署会，市文资办主任周茂非出席会议。

5月28日，市文资办与东城区人民政府“全面战略合作协议”签约暨北京文化产权交易中心揭牌仪式举行，市文资办主任周茂非出席并致签。

5月28日，市委常委、宣传部部长李伟赴北京文化产权交易中心调研，市文资办主任周茂非、副主任刘绍坚、副主任龙晓雯陪同调研。

5月30日，市文资办、房山区人民政府、文资泰玺资本管理有限公司《合作共建北京基金小镇协议》签约仪式举行，市文资办主任周茂非出席并致签。

6月

6月1日，市文资办主任周茂非、副主任龙晓雯出席《关于深化市属国有文化企业改革的工作意见》专题汇报会。

6月4日，市文资办主任周茂非出席2015年北京市文化创新发展专项资金（产业类）支持项目评审工作启动会。

6月10日，市文资办召开“为官不为、为官乱为”问题专项治理工作部署会。

6月10日，市文资办主任周茂非主讲深入学习践行“三严三实”专题党课。

6月12日，市文资办、新华通讯社北京分社、鹏博士电信传媒集团股份有限公司共同建设文化大数据产业园《战略合作框架协议》签约仪式举行，市文资办主任周茂非、副主任龙晓雯出席并致签。

6月16日，市文资办领导班子成员出席首都文化产业协会成立大会。

6月24日，市文资办召开“8·8惠民

文化消费主题日”区（县）工作协调会。

6月29日，市文资办召开“纪念建党94周年”党建工作交流会。

6月30日，市文资办组织副处级以上干部召开“严以修身”专题研讨会。

7月

7月8日，市文资办副主任刘绍坚参加协调推进国家对外文化贸易基地（北京）海关监管政策研究会。

7月10日，市文资办主任周茂非参加中国共产党北京市第十一届委员会第七次全体会议。

7月10日，市文资办副主任刘绍坚主持召开2015年上半年机关部门预算执行情况汇报会。

7月15日，市文资办召开市委第八巡视组巡视市文资办工作专题会。

7月16日，市文资主任周茂非出席北京文资光大文创产业投资管理有限公司揭牌暨项目合作签约仪式。

7月17日，市文资办主任周茂非参加北京市2015年上半年经济形势分析会。

7月20日，市文资办召开市委第八巡视组巡视市文资办工作动员会。

7月23日，市文资办召开新闻宣传工作交流会，市文资办副主任刘绍坚出席会议。

7月24日，市文资办主任周茂非、副主任刘绍坚出席2015年北京市文化创新发展专项资金（产业类）支持项目评审专家抽选会。

7月30日，市文资办召开“8·8惠民文化消费主题日”新闻发布会。

8月

8月12日，市文资办副主任龙晓雯出席北京演艺集团有限责任公司2015年年中工作会。

8月18日，第三届北京惠民文化消费季启动仪式暨2015文化创意产业（北京）研讨会在北京文化创意产业展示中心举行，市文资办副主任龙晓雯出席活动。

8月19日，市文资办主任周茂非、副主任刘绍坚出席2015年北京市文化创新发展专项资金（产业类）支持项目初审工作会议。

8月19日，市文资办副巡视员杨永安主持召开市文资办党建工作专题会。

8月21日，市文资办主任周茂非出席北京市文化投资发展集团有限责任公司2015年上半年工作总结会。

8月24日，市文资办主任周茂非、副巡视员杨永安出席文化创意产业专业技术人员能力建设高级研修班开班仪式。

9月

9月7日，市文资办副主任刘绍坚出席第三届北京惠民文化消费季暨2015第六届中国电子商务博览会开幕式。

9月10日，市文资办主任周茂非出席第三届北京惠民文化消费季暨2015北京艺术博览会开幕式。

9月11日，市文资办主任周茂非陪同市委常委、宣传部部长李伟赴房山区调研。

9月14日，市文资办主任周茂非参加2015北京国际设计周工作协调会。

9月17日，市文资办主任周茂非出席2015北京国际设计周新闻发布会。

9月19日，市文资主任周茂非出席首届国家文化产业创新实验区高端峰会。

9月19日，市文资办副主任龙晓雯出席2015年北京798艺术节开幕式。

9月21日，市文资办主任周茂非出席2015年北京文化创意产业高级人才研修班开班仪式。

9月21日，市文资办主任周茂非、副主任刘绍坚出席2015年北京市文化创新发展专项资金（产业类）支持项目联合评审动员会。

9月25日，市文资办主任周茂非出席主宾城市迪拜暨世界设计周城市网络联盟亚洲论坛。

9月26日，市文资办主任周茂非出席2015北京国际设计周开幕活动暨经典设计奖颁奖仪式。

9月26日，市文资办召开2015年上半年工作总结会，市文资办领导班子成员出席。

9月27日，市文资办召开“三严三实”专题教育学习交流会。

9月29日，市文资办主任周茂非出席中国杂技团建团65周年演出活动。

10月

10月1日，市文资办副主任龙晓雯出席第三届北京惠民文化消费季暨动漫游戏嘉年华开幕式。

10月1日，市文资办副巡视员杨永安出席第三届北京惠民文化消费季暨北京家庭阅读季开幕式。

10月10日，市文资办主任周茂非主持召开2015年北京市文化创新发展专项资金（产业类）支持项目征集评审制度汇报会。

10月10日，市文资办主任周茂非主持召开文化金融协作发展座谈会。

10月11日，市文资办主任周茂非出席北京国际摄影周2015媒体通气会。

10月14日，市文资办副主任刘绍坚出席2015北京国际创意设计产业博览会暨2015北京国际色彩博览会开幕式。

10月15日，市文资办副主任刘绍坚参加第十九届京港洽谈会专题活动方案汇报会。

10月19日，市文资办主任周茂非出席北京曲艺团挂牌仪式暨《北京记忆》专场晚会。

10月19日，市文资办主任周茂非出席北京民族乐团挂牌仪式暨《北京回响》专场音乐会。

10月21日至24日，市文资办主任周茂非出席第20届澳门国际贸易投资展览会开幕式。

10月24日，市文资办副主任刘绍坚出席北京国际摄影周2015开幕活动。

10月26日，市文资办主任周茂非参加第十届文博会组委会工作会议。

10月28日，市文资办副主任龙晓雯出席中国光大银行北京分行文创园小微支行开业仪式。

10月29日，市文资办主任周茂非出席第十届中国北京国际文化创意产业博览会开幕式暨主题报告会。

10月29日，市文资办副巡视员杨永安出席第十届北京国际文化创意产业博览会台湖国际图书分会场开幕式。

10月29日，市文资办副巡视员杨永安出席“2015北京·中国文物国际博览会”。

10月30日，市文资办副主任龙晓雯出席2015年北京市文化融合发展项目合作推介会。

11月

11月2日，市文资办主任周茂非、副主任刘绍坚出席2015北京市文化创意产业高级研修班开班仪式。

11月2日，市文资办主任周茂非出席中欧电影基金合作签约暨新闻发布仪式。

11月4日，市文资办主任周茂非参加北京环球主题公园及度假区项目中美双方对接会。

11月5日，市文资办副巡视员杨永安出席北京发行集团有限责任公司2015年第六届业务技能大赛。

11月7日，市文资办主任周茂非、副主任刘绍坚出席2015中国（北京）国际文创产品交易会。

11月9日，市文资办主任周茂非主持召开歌华传媒集团组建工作汇报会。

11月11日，市文资办副主任龙晓雯主持召开《关于深化市属国有文化企业改革的工作意见》专题工作汇报会。

11月11日，市文资办副主任刘绍坚出席新京报创刊十二周年联谊会。

11月13日，市文资办召开市委第八巡视组巡视市文资办情况反馈会议，市文资办领导班子成员出席会议，全体机关干部列席会议。

11月16日，市文资办召开北京市国有文化资产监管工作动员部署会。

11月18日，市文资办领导班子带领机关各处室、中心负责人赴新京报社调研。

11月19日，市文资办主任周茂非参加市级文艺院团划转工作会。

11月19日，市文资办领导班子带领机关各处室、中心负责人赴北京演艺集团有限责任公司调研。

11月20日，市文资办主任周茂非出席北京天桥艺术中心开幕暨2016年文化惠民计划发布活动。

11月20日，市文资办召开《北京市“十三五”时期文化创意产业发展规划》编制工作座谈会。

11月20日，市文资办召开机关工会成立暨第一届会员大会。

11月23日，市文资办主任周茂非出席市属国有文化企业战略规划管理培训班开班仪式。

11月23日，市文资办副主任刘绍坚、副巡视员杨永安出席北京市文创产业领域人员艺术管理高级研修班开班仪式。

11月24日至25日，市文资办主任周茂非参加中国共产党北京市第十一届委员会第八次全体会议。

11月24日，市文资办副主任刘绍坚主持召开京港创意设计交流对接会行前会。

11月25日，市文资办副主任刘绍坚出

席市文资办系统干部综合能力提升培训班开班仪式。

11月26日至29日，市文资办主任周茂非同志出席第十九届北京·香港经济合作研讨洽谈会。

12月

12月2日，市文资办副主任龙晓雯参加全市深化国有企业负责人薪酬制度改革工作部署会。

12月3日，市文资办主任周茂非参加北京市第四次政协工作会议。

12月4日，市文资办副主任龙晓雯出席北京文化产权交易中心申请成为北京市国有文化产权交易指定平台专家论证会。

12月7日，市文资办主任周茂非出席歌华传媒集团注册工作会议。

12月8日，市文资办主任周茂非、副主任龙晓雯、副巡视员杨永安出席北京文化产权交易中心上线仪式。

12月10日，市文资办领导班子带领机关各处室、中心负责人赴北京发行集团有限责任公司调研。

12月10日，市文资办主任周茂非出席2015首都文化创意产业投融资项目推介会。

12月11日，市文资办主任周茂非出席歌华传媒集团组建工作会议。

12月11日，市文资办主任周茂非参加北京市第十四届人民代表大会四次会议市政府负责同志专题座谈会。

12月17日，市文资办领导班子带领机关各处室、中心负责人赴京华时报社、北京出版集团有限责任公司调研。

12月23日，市文资办副主任刘绍坚主持召开“三严三实”专题民主生活会（机关干部）征求意见座谈会。

12月23日，市文资办主任周茂非主持召开“三严三实”专题民主生活会（监管企业）征求意见座谈会。

12月24日，市文资办主任周茂非主持召开“三严三实”专题民主生活会（文创企事业单位）征求意见座谈会。

12月25日至26日，市文资办主任周茂非参加中国共产党第十一届委员会第九次全体会议。

12月25日，市文资办副巡视员杨永安主持召开“三严三实”专题民主生活会（机关干部）征求意见座谈会。

12月28日至29日，市文资办召开2016年工作务虚会。

12月30日，市文资办召开2015年北京市文化创新发展专项资金（产业类）支持项目征集评审工作会。